Ludwig Feuerbach

Grundsätze der

Philosophie der Zukunft

und andere Schriften

Ludwig Feuerbach: Grundsätze der Philosophie der Zukunft und andere Schriften

Grundsätze der Philosophie der Zukunft:
    Erstdruck: Zürich und Winterthur (Julius Fröbel) 1843.
Vorläufige Thesen zur Reform der Philosophie:
    Entstanden 1842. Erstdruck in: Das literarische Comptoir (Zürich und Winterthur) 1843.
Über das »Wesen des Christentums« in Beziehung auf den »Einzigen und sein Eigentum«:
    Erstdruck in: Wigands Vierteljahresschrift (Leipzig), 1845.

Neuausgabe mit einer Biographie des Autors
Herausgegeben von Karl-Maria Guth
Berlin 2016

Der Text dieser Ausgabe folgt:
Ludwig Feuerbach: Kleine philosophische Schriften (1842-1845).
Herausgegeben von Max Gustav Lange, Leipzig: Felix Meiner, 1950
(Philosophische Bibliothek, Bd. 227).

Die Paginierung obiger Ausgabe wird hier als Marginalie zeilengenau mitgeführt.

Umschlaggestaltung von Thomas Schultz-Overhage

Gesetzt aus der Minion Pro, 11 pt

Verlag: Henricus - Edition Deutsche Klassik GmbH
Mörchinger Str. 33, 14169 Berlin, info@henricus-verlag.de
Druck: Libri Plureos GmbH, Friedensallee 273, 22763 Hamburg

Die Ausgaben der Sammlung Hofenberg basieren auf zuverlässigen Textgrundlagen. Die Seitenkonkordanz zu anerkannten Studienausgaben machen Hofenbergtexte auch in wissenschaftlichem Zusammenhang zitierfähig.

ISBN 978-3-8619-9548-7

Bibliografische Information der Deutschen Nationalbibliothek

Die Deutsche Nationalbibliothek verzeichnet diese Publikation in der Deutschen Nationalbibliografie; detaillierte bibliografische Daten sind im Internet über www.dnb.de abrufbar.

Inhalt

Grundsätze der Philosophie der Zukunft

§ 1.

Die Aufgabe der neueren Zeit war die Verwirklichung und Vermenschlichung Gottes – die Verwandlung und Auflösung der Theologie in die Anthropologie.

§ 2.

Die *religiöse* oder *praktische* Weise dieser Vermenschlichung war der Protestantismus. *Der* Gott, welcher Mensch ist, der menschliche Gott also: Christus – dieser nur ist der Gott des Protestantismus. Der Protestantismus kümmert sich nicht mehr, wie der Katholizismus, darum, was Gott *an sich selber* ist, sondern nur darum, *was er für den Menschen ist*; er hat deshalb keine spekulative oder kontemplative Tendenz mehr, wie jener; er ist nicht mehr *Theologie* – er ist wesentlich nur *Christologie*, d.i. *religiöse Anthropologie*.

§ 3.

Der Protestantismus negierte jedoch den Gott an sich oder Gott als Gott – denn Gott an sich ist erst eigentlicher Gott – nur *praktisch*; theoretisch ließ er ihn bestehen; er *ist*, aber nur nicht für den Menschen, d.h. den *religiösen* Menschen – er ist ein *jenseitiges* Wesen, ein Wesen, das einst erst dort im Himmel ein Gegenstand *für den Menschen wird*. Aber was *jenseits* der Religion, das liegt *diesseits* der Philosophie, was kein Gegenstand für jene, das ist gerade der Gegenstand für diese.

§ 4.

Die *rationelle* oder *theoretische* Verarbeitung und Auflösung des für die Religion jenseitigen ungegenständlichen Gottes ist die *spekulative Philosophie*.

§ 5.

Das *Wesen* der spekulativen Philosophie ist nichts anderes als das *rationalisierte, realisierte, vergegenwärtigte Wesen Gottes*. Die spekulative Philosophie ist die *wahre*, die *konsequente*, die *vernünftige* Theologie.

§ 6.

Gott als Gott – als *geistiges* oder *abstraktes*, d.i. *nicht* menschliches, *nicht* sinnliches, *nur der Vernunft oder Intelligenz zugängliches und gegenständliches Wesen ist nichts anderes als das Wesen der Vernunft selbst*, welches aber von der *gemeinen Theologie* oder vom *Theismus vermittels der Einbildungskraft* als ein *von der Vernunft unterschiedenes, selbstständiges Wesen vorgestellt wird*. Es ist daher eine innere, eine heilige *Notwendigkeit*, daß das von der Vernunft unterschiedene Wesen der Vernunft endlich *mit der Vernunft identifiziert*, das göttliche Wesen also *als das Wesen der Vernunft* erkannt, verwirklicht und vergegenwärtigt werde. Auf dieser Notwendigkeit beruht die *hohe geschichtliche Bedeutung* der *spekulativen Philosophie*.

Der Beweis, daß das göttliche Wesen das Wesen der Vernunft oder Intelligenz ist, liegt darin, daß die *Bestimmungen* oder *Eigenschaften Gottes* – so weit natürlich diese *vernünftige* oder *geistige* sind, *nicht Bestimmungen der Sinnlichkeit* oder *Einbildungskraft* – Eigenschaften *der Vernunft* sind.

»*Gott ist das unendliche Wesen, das Wesen ohne alle Einschränkungen*«. Aber was keine Grenze oder Schranke Gottes, das ist auch keine Schranke der Vernunft. Wo z.B. Gott ein über die Schranken der Sinnlichkeit erhabenes Wesen ist, da ist es auch die Vernunft. Wer keine andere Existenz denken kann als eine sinnliche, wer also eine durch die Sinnlichkeit beschränkte Vernunft hat, der hat auch eben deswegen einen durch die Sinnlichkeit beschränkten Gott. Die Vernunft, welche Gott als ein unbeschränktes Wesen denkt, die denkt in Gott nur *ihre eigene* Unbeschränktheit. Was der Vernunft das göttliche, das ist ihr auch erst das wahrhaft *vernünftige* Wesen – d.h. das vollkommen der Vernunft entsprechende und eben deswegen sie befriedigende Wesen. Das aber, worin sich ein Wesen befriedigt, ist nichts anderes als sein *gegenständliches* Wesen. Wer sich in einem Dichter befriedigt, ist selbst eine dichterische, wer in einem Philosophen, selbst eine philosophische Natur, und daß er es ist, das wird ihm und anderen erst in dieser Befriedigung Gegenstand. Die Vernunft »bleibt aber nicht bei den sinnlichen, endlichen Dingen stehen; sie befriedigt sich nur in dem unendlichen Wesen« – also ist uns erst in diesem Wesen das Wesen der Vernunft aufgeschlossen.

»*Gott ist das notwendige Wesen*«. Aber diese seine Notwendigkeit beruht darauf, daß er ein *vernünftiges, intelligentes* Wesen ist. Die Welt, die Materie hat den Grund, warum sie ist und so ist, wie sie ist, nicht in sich, denn es ist ihr völlig einerlei, ob sie ist oder nicht ist, ob sie so oder anders ist[1]. Sie setzt daher notwendig als Ursache ein anderes Wesen voraus, und zwar ein *verständiges, selbstbewußtes*, nach Gründen und Zwecken wirkendes Wesen. Denn nimmt man von diesem anderen Wesen die Intelligenz weg, so entsteht von neuem die Frage nach dem Grund desselben. Die Notwendigkeit des ersten, höchsten Wesens beruht darum auf der Voraussetzung, daß der *Verstand* allein das *erste* und *höchste*, das *notwendige* und *wahre* Wesen ist. Wie überhaupt die metaphysischen oder ontotheologischen Bestimmungen erst Wahrheit und Realität haben, wenn sie auf psychologische oder vielmehr anthropologische Bestimmungen zurückgeführt werden, so hat also auch die Notwendigkeit des göttlichen Wesens in der alten Metaphysik oder Ontotheologie erst Sinn und Verstand, Wahrheit und Realität in der psychologischen oder anthropologischen Bestimmung Gottes als eines intelligenten Wesens. Das notwendige Wesen ist das notwendig zu denkende, schlechterdings zu bejahende, schlechterdings unleugbare oder unaufhebbare Wesen, aber nur als ein *selbstdenkendes* Wesen. In dem notwendigen Wesen beweist und zeigt also die Vernunft nur ihre eigene Notwendigkeit und Realität.

»*Gott ist das unbedingte, allgemeine – ›Gott ist nicht dies und das‹ –, unveränderliche, ewige oder zeitlose Wesen.*« Aber Unbedingtheit, Unveränderlichkeit, Ewigkeit, Allgemeinheit sind selbst nach dem Urteil der metaphysischen Theologie auch Eigenschaften der Vernunftwahrheiten oder Vernunftgesetze, folglich Eigenschaften der Vernunft selbst; denn was sind diese unveränderlichen, allgemeinen, unbedingten, immer

---

1   Es versteht sich von selbst, daß ich hier, wie in allen Paragraphen, welche historische Gegenstände betreffen und entwickeln, nicht in meinem Sinne, sondern im Sinne des jedesmaligen Gegenstandes, hier also im Sinne des Theismus rede und argumentiere.

und überall gültigen Vernunftwahrheiten anderes als Ausdrücke von dem Wesen der Vernunft?

»Gott ist das unabhängige, selbständige Wesen, welches keines anderen Wesens zu seiner Existenz bedarf, folglich von und durch sich selbst ist.« Aber auch diese abstrakte metaphysische Bestimmung hat nur Sinn und Realität als eine Definition von dem Wesen des Verstandes und sagt daher nichts weiter aus, als daß Gott ein denkendes, intelligentes Wesen oder umgekehrt nur das denkende Wesen das göttliche ist; denn nur ein *sinnliches* Wesen bedarf zu seiner Existenz andere Dinge außer ihm. Luft bedarf ich zum Atmen, Wasser zum Trinken, Licht zum Sehen, pflanzliche und tierische Stoffe zum Essen, aber nichts, wenigstens unmittelbar, zum Denken. Ein atmendes Wesen kann ich nicht denken ohne die Luft, ein sehendes nicht ohne Licht, aber das denkende Wesen kann ich für sich isoliert denken. Das atmende Wesen bezieht sich *notwendig* auf ein Wesen außer ihm, hat seinen *wesentlichen* Gegenstand, das, wodurch es ist, was es ist, *außer sich*; aber das denkende Wesen *bezieht sich auf sich selbst*, ist sein eigener Gegenstand, hat sein Wesen in sich selbst, ist, was es ist, durch sich selbst.

§ 7.

Was im *Theismus Objekt*, das ist in der *spekulativen Philosophie Subjekt*, was das dort nur *gedachte*, vorgestellte Wesen der Vernunft, ist hier das *denkende* Wesen der Vernunft selbst.

Der Theist stellt sich Gott als ein *außer der Vernunft*, außer dem Menschen überhaupt *existierendes, persönliches* Wesen vor – er denkt als Subjekt über Gott als Objekt. Er denkt Gott als ein dem Wesen, d.h. seiner Vorstellung nach *geistiges, unsinnliches*, aber der *Existenz*, d.h. der *Wahrheit* nach *sinnliches* Wesen; denn das *wesentliche Merkmal* einer objektiven Existenz, einer Existenz außer dem Gedanken oder der Vorstellung ist die *Sinnlichkeit*. Er unterscheidet Gott von sich in demselben Sinne, in welchem er die sinnlichen Dinge und Wesen als außer ihm existierende von sich unterscheidet; kurz, er denkt Gott vom *Standpunkt der Sinnlichkeit* aus. Der spekulative Theologe oder Philosoph dagegen denkt Gott *vom Standpunkt des Denkens aus*; er hat daher nicht zwischen sich und Gott in der Mitte die störende Vorstellung eines sinnlichen Wesens; er identifiziert somit ohne Hin-

90

91

dernis das objektive, gedachte Wesen mit dem *subjektiven*, denkenden Wesen.

Die innere Notwendigkeit, daß Gott aus einem *Objekt* des Menschen zum *Subjekt, zum denkenden Ich* des Menschen wird, ergibt sich aus dem bereits Entwickelten näher so: Gott ist Gegenstand des Menschen, und nur des Menschen, nicht des Tieres. *Was* aber ein Wesen ist, das wird nur aus seinem *Gegenstand* erkannt; der Gegenstand, auf den sich ein Wesen notwendig bezieht, ist nichts anderes als sein *offenbares* Wesen. So ist der Gegenstand der pflanzenfressenden Tiere die Pflanze; aber durch diesen Gegenstand unterscheiden sich wesentlich dieselben von den anderen, den fleischfressenden Tieren. So ist der Gegenstand des Auges das Licht, nicht der Ton, nicht der Geruch. Im Gegenstand des Auges ist uns aber sein Wesen offenbar. Ob einer nicht sieht oder kein Auge hat, ist darum einerlei. Wir benennen daher auch im Leben die Dinge und Wesen nur nach ihren Gegenständen. Das Auge ist das »Lichtorgan«. Wer den Boden bebaut, ist ein Bauer; wer die Jagd zum Objekt seiner Tätigkeit hat, ist ein Jäger; wer Fische fängt, ein Fischer usw. Wenn also Gott – und zwar, wie er es ja ist, notwendig und wesentlich – ein Gegenstand des Menschen ist, so ist in dem Wesen dieses Gegenstandes nur das eigene Wesen des Menschen ausgesprochen. Stelle Dir vor, ein denkendes Wesen auf einem Planeten oder gar Kometen bekäme zu Gesicht die paar Paragraphen einer christlichen Dogmatik, welche von dem Wesen Gottes handeln. Was würde dieses Wesen aus diesen Paragraphen folgern? Etwa die Existenz eines Gottes im Sinne einer christlichen Dogmatik? Nein! Es würde nur daraus folgern, daß auch auf der Erde denkende Wesen sind; es würde in den Definitionen der Erdbewohner von ihrem Gott nur Definitionen von ihrem eigenen Wesen, z.B. in der Definition: Gott ist ein Geist, nur den Beweis und Ausdruck ihres eigenen Geistes finden; kurz, es würde aus dem Wesen und den Eigenschaften des Objektes auf das Wesen und die Eigenschaften des Subjektes schließen. Und mit vollem Recht; denn die Unterscheidung zwischen dem, was der Gegenstand *an sich selbst*, und dem, was *er für den Menschen* ist, fällt bei *diesem Objekt* weg. Diese Unterscheidung ist nur an ihrem Platz bei einem unmittelbar sinnlich, und eben deswegen auch noch anderen Wesen außer dem Menschen gegebenen Gegenstand. Das Licht ist nicht nur für den Menschen da, es affiziert auch die Tiere, auch die Pflanzen, auch die unorganischen Stoffe: es ist ein allgemeines Wesen. Um zu erfahren, was das Licht ist, betrachten wir darum nicht nur die Eindrücke und Wirkungen desselben auf uns, sondern auch auf andere, von uns unterschiedene Wesen. Notwendig, objektiv begründet ist daher hier die Unterscheidung zwischen dem Gegenstand *an sich selbst* und dem Gegenstand *für uns*, namentlich zwischen dem Gegenstand in der Wirklichkeit und dem Gegenstand in unserem Denken und Vorstellen. Gott aber ist *nur* ein Gegenstand des Menschen. Die Tiere und Sterne preisen Gott *nur im Sinne des Menschen*. Es gehört also zum Wesen Gottes selbst, daß er keinem anderen Wesen außer dem Menschen Gegenstand, daß er ein spezifisch menschlicher Gegenstand, ein Geheimnis des Menschen ist. Wenn aber Gott *nur* ein Gegenstand des Menschen ist, was offenbart sich uns im Wesen Gottes? Nichts anderes als das Wesen des Menschen. Wem das höchste Wesen Gegenstand ist, das ist selbst das höchste Wesen. Je mehr den Tieren vom Menschen Gegenstand wird, desto höher stehen sie, desto mehr nähern sie sich dem Menschen. Ein Tier, dem der Mensch als Mensch, das eigentliche menschliche Wesen Gegenstand wäre, das wäre kein Tier mehr, sondern selber Mensch. Nur ebenbürtige Wesen sind sich Gegenstand, und zwar so, wie sie *an sich* sind. Die Identität des göttlichen und menschlichen Wesens fällt nun allerdings auch in das Bewußtsein des Theismus. Aber weil er Gott, ungeachtet daß er das Wesen Gottes in den Geist setzt, doch zugleich als ein außer dem Menschen existierendes, sinnliches Wesen vorstellt, so ist ihm auch diese Identität nur als *sinnliche* Identität, als *Ähnlichkeit* oder *Verwandtschaft* Gegenstand. Verwandtschaft drückt dasselbe aus, als Identität, aber es ist mit ihr zugleich verbunden die sinnliche Vorstellung, daß die verwandten Wesen zwei selbständige, d.i. sinnliche, außereinander existierende Wesen sind.

93

§ 8.

Die *gemeine* Theologie macht den *Standpunkt* des *Menschen zum Standpunkt Gottes*; die *spekulative* dagegen macht den *Standpunkt Gottes zum Standpunkt des Menschen oder vielmehr des Denkers*.

Gott ist der gemeinen Theologie Objekt, und zwar gerade so, wie irgendein anderes sinnliches Objekt; aber zugleich ist er ihr wieder Subjekt, und zwar Subjekt, gerade wie das menschliche Subjekt: Gott bringt Dinge *außer sich* hervor, hat Beziehungen *zu sich selbst* und zu anderen, außer ihm existierenden Wesen, liebt und denkt sich zugleich und andere Wesen. Kurz, der Mensch macht seine Gedanken und 94 selbst Affekte zu Gedanken und Affekten Gottes, sein Wesen, seinen Standpunkt zum Wesen und Standpunkt Gottes. Die spekulative Theologie aber kehrt dies um. In der gemeinen Theologie ist daher Gott ein *Widerspruch mit sich selbst*, denn er *soll* ein *nicht-*, ein *über*menschliches Wesen sein, aber ist doch allen seinen Bestimmungen nach in Wahrheit ein menschliches; in der spekulativen Theologie oder Philosophie ist dagegen Gott ein *Widerspruch mit dem Menschen* – er *soll* das Wesen des Menschen – wenigstens der Vernunft – sein, und ist doch in Wahrheit ein nicht-, ein übermenschliches, d.i. abstraktes Wesen. Der übermenschliche Gott ist in der gemeinen Theologie nur eine erbauliche Floskel, eine Vorstellung, ein Spielzeug der Phantasie, in der spekulativen Philosophie dagegen Wahrheit, bitterer Ernst. Der heftige Widerspruch, den die spekulative Philosophie gefunden, hat nur darin seinen Grund, daß sie den Gott, welcher im Theismus nur ein Wesen der Phantasie, ein ferngehaltenes, unbestimmtes, nebulöses Wesen ist, zu einem gegenwärtigen, bestimmten Wesen gemacht, und dadurch den illusorischen Zauber zerstört hat, den ein entferntes Wesen im blauen Dunst der Vorstellung hat. So haben die Theisten sich dar-über geärgert, daß die Logik nach Hegel die Darstellung Gottes in seinem ewigen, vorweltlichen Wesen sei und doch, z.B. in der Lehre von der Quantität, von der extensiven und intensiven Größe, den Brüchen, den Potenzen, den Maßverhältnissen usw. handle. Wie, riefen sie entsetzt aus, dieser Gott soll unser Gott sein? Und doch, was ist er anderes als der aus dem Nebel der unbestimmten Vorstellung an das Licht des bestimmenden Gedankens hervorgezogene, der, sozusagen ad coram, beim Wort genommene Gott des Theismus, welcher alles nach Maß, Zahl und Gewicht geschaffen und geordnet hat? Wenn Gott 95 alles nach Zahl und Maß geordnet und geschaffen, also Maß und Zahl, ehe sie an den außergöttlichen Dingen zur Wirklichkeit kamen, im Verstand und folglich im Wesen Gottes – denn zwischen Gottes Ver-stand und seinem Wesen ist kein Unterschied – enthalten waren und heute noch sind, gehört denn nicht auch die Mathematik zu den My-sterien der Theologie? Aber freilich sieht ein Wesen ganz anders in der Einbildung und Vorstellung aus, als in der Wahrheit und Wirklich-keit; kein Wunder, daß denen, die nur nach dem Aussehen, nach dem

Schein sich richten, das eine und selbe Wesen als zwei ganz verschiedene Wesen erscheint.

§ 9.

Die wesentlichen Eigenschaften oder Prädikate des göttlichen Wesens sind die wesentlichen Eigenschaften oder Prädikate der spekulativen Philosophie.

§ 10.

Gott ist reiner Geist, reines Wesen, reine Tätigkeit – actus purus – ohne Leidenschaften, ohne Bestimmungen von außen, ohne Sinnlichkeit, ohne Materie. Die spekulative Philosophie ist dieser *reine Geist, diese reine Tätigkeit, verwirklicht als Denkakt* – das *absolute Wesen als absolutes Denken.*

Wie einst die Abstraktion von allem Sinnlichen und Materiellen die notwendige Bedingung der Theologie war, so war sie auch die notwendige Bedingung der spekulativen Philosophie, nur mit dem Unterschied, daß die Abstraktion der Theologie, weil ihr Gegenstand, obwohl ein abstraktes Wesen, doch zugleich wieder als ein sinnliches Wesen vorgestellt wurde, selbst eine *sinnliche* Abstraktion, Asketik war, während die Abstraktion der spekulativen Philosophie nur eine geistige, denkende ist, nur eine szientifische oder theoretische, keine praktische Bedeutung hat. Der Anfang der Cartesischen Philosophie, die Abstraktion von der Sinnlichkeit, von der Materie ist der Anfang der neueren spekulativen Philosophie. Aber Cartesius und Leibniz betrachteten diese Abstraktion nur als eine subjektive Bedingung, das immaterielle göttliche Wesen zu erkennen, sie stellten sich die Immaterialität Gottes als eine von der Abstraktion, vom Denken *unabhängige, objektive* Eigenschaft vor; sie standen noch auf dem Standpunkt des Theismus, machten das immaterielle Wesen nur zum *Objekt* aber nicht zum *Subjekt,* zum *aktiven Prinzip,* zum *wirklichen Wesen* der Philosophie selbst. Allerdings ist auch bei C. und L. Gott Prinzip der Philosophie, aber nur als ein vom Denken *unterschiedenes Objekt* – darum Prinzip nur im allgemeinen, nur in der Vorstellung, nicht in der Tat und Wahrheit. Gott ist nur die *erste* und *allgemeine* Ursache der Materie, der Bewegung und Tätigkeit; aber die besonderen Bewegungen und Tätigkeiten, die bestimmten wirklichen, materiellen Dinge werden unabhängig von Gott betrachtet und erkannt. L. und C. sind nur im allgemeinen Idealisten, im besonderen bloße Materialisten. Gott nur ist der konsequente, der vollständige, wahre Idealist, denn er nur stellt alle Dinge ohne Dunkelheit sich vor, d.h. im Sinne der Leibnizschen Philosophie ohne Sinne und Einbildungskraft; er ist reiner, d.i. von aller Sinnlichkeit und Materialität abgesonderter Verstand; für ihn sind daher die materiellen Dinge pure Verstandeswesen, pure Gedanken; für ihn existiert überhaupt gar keine Materie, denn diese beruht nur auf dunkeln, d.i. sinnlichen Vorstellungen. Aber gleichwohl hat bei L. auch der Mensch schon eine gute Portion Idealismus in sich – wie wäre es auch möglich, sich ein immaterielles Wesen vorzustellen, ohne ein immaterielles Vermögen und folglich ohne immaterielle Vorstellungen zu haben? – denn er hat außer den Sinnen und der Einbildungskraft Verstand, und der Verstand ist eben immaterielles, *reines*, weil denkendes Wesen; nur ist der Verstand des Menschen nicht *ganz* so rein, nicht in der Unbeschränktheit und Ausdehnung rein, wie der göttliche Verstand oder das göttliche Wesen. Der Mensch, respektive dieser Mensch: Leibniz ist also ein *partialer, halber Idealist, Gott* nur ein *ganzer Idealist*, Gott nur »der *vollkommene Weltweise*«, wie er ausdrücklich von Wolff genannt wird; d.h. Gott ist die Idee des vollendeten, des bis ins Spezielle durchgeführten, des absoluten Idealismus der späteren spekulativen Philosophie. Denn was ist der Verstand, was das Wesen Gottes überhaupt? Nichts anderes, als der Verstand, als das Wesen des Menschen, abgesondert von den Bestimmungen, die zu einer bestimmten Zeit Schranken des Menschen sind, seien sie nun wirkliche oder vermeintliche. Wer keinen mit seinen Sinnen entzweiten Verstand hat, die Sinne nicht für Schranken hält, der stellt sich auch nicht einen Verstand ohne Sinne als den höchsten, den wahren Verstand vor. Was ist aber die Idee einer Sache anderes als ihr Wesen, gereinigt von den Beschränkungen und Verdunklungen, die sie in der Wirklichkeit, wo sie im Zusammenhang mit anderen Dingen steht, erleidet? So liegt die Schranke des menschlichen Verstandes nach Leibniz darin, daß er mit dem Materialismus, d.i. mit dunkeln Vorstellungen behaftet ist; aber diese dunkeln Vorstellungen entspringen selbst wieder nur daraus, daß das menschliche Wesen im Zusammenhang mit anderen Wesen, mit der Welt überhaupt steht. Aber diese Verbindung gehört nicht zum Wesen des Verstandes, sie steht vielmehr im Widerspruch mit demselben, denn er ist *an sich*, d.i. in der Idee ein immaterielles, d.i. *für sich selbst seiendes*, isoliertes Wesen. Und diese Idee, dieser also von allen materialistischen Vorstellungen gereinigte Verstand ist eben der göttliche Verstand. Was aber bei Leibniz nur *Idee* war, das wurde in der späteren Philosophie *Wahrheit* und *Wirklichkeit*. Der *absolute Idealismus* ist nichts anderes als der *realisierte göttliche Verstand* des Leibnizschen Theismus, der systematisch durchgeführte reine Verstand, der alle Dinge ihrer Sinnlichkeit entkleidet, sie zu puren Verstandeswesen, zu Gedankendingen macht, der mit nichts Fremdartigem behaftet, nur mit sich selbst, als dem Wesen der Wesen beschäftigt ist.

§ 11.

Gott ist ein denkendes Wesen, aber die Gegenstände, die er denkt, in sich begreift, sind, wie sein Verstand, *nicht unterschieden von seinem Wesen*, so daß er, indem er die Dinge denkt, nur *sich selbst* denkt, also in *ununterbrochener Einheit mit sich selbst* bleibt. Diese *Einheit des Denkende und Gedachten* ist aber das *Geheimnis des spekulativen Denkens*.

So sind z.B. in der Hegelschen Logik die Gegenstände des Denkens nicht unterschieden vom Wesen des Denkens. Das Denken ist hier in ununterbrochener Einheit mit sich selbst; die Gegenstände desselben sind nur Bestimmungen des Denkens, sie gehen rein im Gedanken auf, haben nichts für sich, was außer dem Denken bliebe. Aber was das Wesen der Logik, ist auch das Wesen Gottes. Gott ist ein geistiges, abstraktes Wesen; aber er ist zugleich das Wesen der Wesen, das alle Wesen in sich faßt, und zwar in Einheit mit diesem seinem abstrakten Wesen. Aber was sind die mit einem abstrakten, geistigen Wesen identischen Wesen? Selber abstrakte Wesen – *Gedanken*. Die Dinge,

wie sie in Gott sind, sind nicht so, wie sie außer Gott sind; sie sind vielmehr eben so unterschieden von den wirklichen Dingen, als die Dinge, wie sie Gegenstand der Logik, von den Dingen, wie sie Gegenstand der wirklichen Anschauung sind. Worauf reduziert sich also der Unterschied zwischen dem göttlichen und dem metaphysischen Denken? Nur auf einen Unterschied der Einbildung, auf den Unterschied zwischen dem nur *vorgestellten* und *wirklichen* Denken.

§ 12.

Der Unterschied zwischen dem *Wissen* oder dem *Denken Gottes*, welches *als Urbild* den Dingen *vorausgeht*, sie *schafft*, und dem *Wissen des Menschen*, welches den Dingen *nachfolgt als Abbild* derselben, ist nichts anderes als der *Unterschied* zwischen dem *apriorischen* oder *spekulativen* und dem *aposteriorischen* oder *empirischen Wissen*.

Der Theismus stellt sich Gott, obwohl als ein denkendes oder geistiges, doch zugleich als ein *sinnliches Wesen* vor. Er verbindet daher mit dem Denken und Willen Gottes unmittelbar *sinnliche, materielle* Wirkungen – Wirkungen, die mit dem Wesen des Denkens und Willens in Widerspruch stehen, die nichts weiter als die *Macht der Natur* ausdrücken. Eine solche *materielle* Wirkung – folglich ein bloßer Ausdruck sinnlicher Macht – ist vor allem die Schöpfung oder Hervorbringung der wirklichen, materiellen Welt. Die spekulative Theologie dagegen verwandelt diesen dem Wesen des Denkens widersprechenden sinnlichen Akt in einen logischen oder theoretischen Akt, die materielle Hervorbringung des Gegenstandes in die spekulative Erzeugung aus dem Begriff. Im Theismus ist die Welt ein zeitliches Produkt Gottes – die Welt existiert seit einigen Jahrtausenden, und ehe sie wurde, war Gott; in der spekulativen Theologie dagegen ist die Welt oder Natur *nach* Gott nur dem Range, der Bedeutung nach; das Akzidenz setzt die Substanz, die Natur die Logik voraus, dem Begriff, aber nicht dem sinnlichen Dasein, folglich nicht der Zeit nach.

Der Theismus verlegt jedoch in Gott nicht nur das spekulative, sondern auch das *sinnliche, empirische* Wissen, und zwar in seiner höchsten Vollendung. Wie aber das vorweltliche, vorgegenständliche Wissen Gottes in dem apriorischen Wissen der spekulativen Philosophie, so hat auch das *sinnliche Wissen* Gottes erst in den *empirischen Wissenschaften* der neueren Zeit seine Realisation, seine Wahrheit und Wirklichkeit gefunden. Das vollkommenste und also göttliche sinnliche Wissen ist nämlich nichts anderes als das *allersinnlichste* Wissen, das Wissen der allergrößten Kleinigkeiten und unmerklichsten Einzelheiten – »Gott ist deswegen der Allwissende«, sagt der h. Thomas A., »weil er die allereinzelsten Dinge weiß« – *das* Wissen, welches die Haare am Haupte des Menschen nicht indiskret in *einen* Schopf zusammenfaßt, sondern sie zählt, alle, Haar für Haar, kennt. Aber dieses göttliche Wissen, welches in der Theologie nur eine Vorstellung, eine Phantasie ist, wurde *vernünftiges, wirkliches* Wissen in dem teleskopischen und mikroskopischen Wissen der Naturwissenschaft. Sie hat die Sterne am Himmel gezählt, die Eier in den Leibern der Fische und Schmetterlinge, die Tüpfelchen auf den Flügeln der Insekten, um sie voneinander zu unterscheiden; sie hat allein in der Raupe des Weidenspinners am Kopf 288, am Körper 1647, am Magen und den Gedärmen 2186 Muskeln anatomisch nachgewiesen. Was will man mehr verlangen? Hier haben wir daher ein sinnfälliges Beispiel von der Wahrheit, daß die Vorstellung des Menschen von Gott die Vorstellung des menschlichen Individuums von seiner Gattung, daß Gott als der Inbegriff aller Realitäten oder Vollkommenheiten nichts anderes ist, als der zum Nutzen des beschränkten Individuums kompendiarisch zusammengefaßte Inbegriff der unter die Menschen verteilten, im Laufe der Weltgeschichte sich realisierenden Eigenschaften der Gattung. Das Gebiet der Naturwissenschaften ist seinem quantitativen Umfang nach für den einzelnen Menschen ein völlig unübersehbares, unermeßliches. Wer kann zugleich die Sterne am Himmel und die Muskeln und Nerven am Leib der Raupe zählen? Lyonet verlor sein Gesicht über der Anatomie der Weidenraupe. Wer kann zugleich die Unterschiede der Höhen und Vertiefungen im Mond und zugleich die Unterschiede der zahllosen Ammoniten und Terebrateln beobachten? Aber was nicht der einzelne Mensch weiß und kann, das wissen und können die Menschen zusammen. So hat das göttliche Wissen, das alles einzelne *zugleich* weiß, seine Realität im Wissen der Gattung.

Wie mit der göttlichen Allwissenheit, ist es aber auch mit der göttlichen Allgegenwart, die sich gleichfalls im Menschen realisiert hat. Während der eine Mensch bemerkt, was auf dem Mond oder Uranus vorgeht, ist ein anderer auf der Venus oder in den Eingeweiden der Raupe oder sonst an einem Ort, wohin weiland unter der Herrschaft des allwissenden und allgegenwärtigen Gottes kein menschliches Auge gedrungen ist. Ja, während der Mensch diesen Stern vom Standpunkt Europas aus beobachtet, beobachtet er zugleich denselben Stern vom Standpunkt Amerikas aus. Was *einem* Menschen allein absolut unmöglich, ist zweien möglich. Aber Gott ist ja an allen, allen Orten zugleich und weiß alles, alles ohne Unterschied zugleich. Freilich; aber nur ist zu bemerken, daß diese Allwissenheit und Allgegenwart bloß in der Vorstellung, Einbildung existieren, und also nicht zu übersehen der schon

101

102

15

mehrmals erwähnte wichtige Unterschied zwischen dem nur eingebildeten und dem wirklichen Ding. In der Einbildung kann man allerdings die 4059 Muskeln einer Raupe mit *einem* Blick überschauen, in der Wirklichkeit aber, wo sie außereinander existieren, nur nacheinander. So kann auch das beschränkte Individuum in seiner Einbildung sich den Umfang des menschlichen Wissens als beschränkt vorstellen, während es doch, wenn es wirklich sich dieses Wissen aneignen wollte, nun und nimmermehr an ein Ende desselben kommen würde. Man stelle sich als Beispiel nur eine Wissenschaft, die Historie z.B., vor und löse in Gedanken die Weltgeschichte auf in die Geschichte der einzelnen Länder, diese in die Geschichte der einzelnen Provinzen, diese wieder in die Stadtchroniken, die Stadtchroniken in Familiengeschichten, in Biographien. Wie käme je ein einzelner Mensch an den Punkt, wo er ausrufen könnte: Hier bin ich am Ende des historischen Wissens der Menschheit! So erscheint uns auch in der Einbildung unsere Lebenszeit, sowohl die vergangene, als die mögliche zukünftige, sollten wir auch diese noch so sehr verlängern, außerordentlich kurz, und wir fühlen uns daher in den Momenten solcher Einbildung gedrungen, diese vor unserer Vorstellung verschwindende Kürze durch ein unübersehbares, endloses Leben nach dem Tode zu ergänzen; aber wie lange dauert in der Wirklichkeit auch nur *ein* Tag, auch nur *eine* Stunde! Woher dieser Unterschied? Daher: die Zeit in der Vorstellung ist die *leere* Zeit, also nichts zwischen dem Anfangs- und Endpunkt unserer Rechnung; aber die wirkliche Lebenszeit ist die erfüllte Zeit, wo Berge von Schwierigkeiten aller Art zwischen dem Jetzt und dem Dann in der Mitte liegen. 103

§ 13.

Die *absolute Voraussetzungslosigkeit* – der Anfang der spekulativen Philosophie – ist nichts anderes als die *Voraussetzungs- und Anfangslosigkeit*, die *Aseität des göttlichen Wesens*. Die Theologie unterscheidet zwischen tätigen und ruhenden Eigenschaften Gottes. Die Philosophie aber verwandelt auch die ruhenden Eigenschaften in tätige – das ganze Wesen Gottes in Tätigkeit, aber menschliche Tätigkeit. Dies gilt auch von dem Prädikat dieses Paragraphen. Die Philosophie setzt nichts voraus – dies heißt nichts weiter als: sie *abstrahiert* von allen unmittelbar, d.i. sinnlich gegebenen, vom Denken unterschiedenen Objekten, kurz von allem, wovon man abstrahieren kann, ohne aufzuhören, zu denken, und macht diesen Akt der Abstraktion von aller Gegenständlichkeit zum Anfang von sich. Was ist aber das absolute Wesen anderes als das Wesen, dem nichts vorausgesetzt, dem kein Ding außer ihm gegeben und und notwendig ist, das von allen Objekten, allen von ihm unterschiedenen und unterscheidbaren sinnlichen Dingen abgezogene Wesen, welches daher dem Menschen auch nur durch die Abstraktion von eben diesen Dingen Gegenstand wird? Wovon Gott frei ist, davon mußt Du Dich selbst frei machen, wenn Du zu Gott kommen willst, und machst Du Dich also wirklich frei, wenn Du ihn Dir vorstellst. Denkst Du Dir folglich Gott als ein Wesen ohne Voraussetzung irgendeines anderen Wesens oder Objektes, so denkst Du selbst ohne Voraussetzung eines äußerlichen Objektes; die Eigenschaft, die Du in Gott verlegst, ist eine Eigenschaft Deines Denkens. Nur ist im Menschen *Tun*, was in Gott *Sein* ist oder als solches vorgestellt wird. Was ist also das Ich Fichtes, welches sagt: »Ich bin schlechthin, weil ich bin«, was das reine, voraussetzungslose Denken Hegels anderes, als das in das *gegenwärtige, aktive, denkende* Wesen des Menschen verwandelte göttliche Wesen der alten Theologie und Metaphysik?

§ 14.

Die spekulative Philosophie ist, als die Verwirklichung Gottes, zugleich die *Position, zugleich die Aufhebung oder Negation Gottes, zugleich Theismus, zugleich Atheismus*, denn Gott ist nur so lange Gott – Gott im Sinne der Theologie –, als er als ein vom Wesen des Menschen und der Natur unterschiedenes, selbständiges Wesen vorgestellt wird. *Der* Theismus, welcher als die Position Gottes zugleich die Negation Gottes ist, oder umgekehrt als die Verneinung Gottes zugleich noch die Bejahung dessen, ist der *Pantheismus.* Der eigentliche oder theologische Theismus aber ist nichts anderes als der *imaginäre* Pantheismus, dieser nichts anderes als der reelle, wahre Theismus.

Was den Theismus vom Pantheismus scheidet, ist einzig die Einbildung, die Vorstellung Gottes als eines persönlichen Wesens. Alle Bestimmungen Gottes – und Gott wird notwendig bestimmt, sonst ist er nichts, gar nicht Objekt einer Vorstellung – sind Bestimmungen der Wirklichkeit, entweder der Natur oder des Menschen, oder beiden gemeine, also *pantheistische* Bestimmungen; denn was Gott nicht unterscheidet vom Wesen der Natur oder des Menschen, ist Pantheismus.

Gott ist also nur seiner Persönlichkeit oder Existenz nach, aber nicht seinen Bestimmungen oder Wesen nach von der Welt – dem Inbegriff der Natur und Menschheit – unterschieden, d.h. er wird nur *vorgestellt* als ein anderes Wesen, er *ist* aber *in Wahrheit kein anderes Wesen.* Der Theismus ist der Widerspruch zwischen Schein und Wesen, Vorstellung und Wahrheit, der Pantheismus die Einheit beider – der Pantheismus die *nackte* Wahrheit des Theismus[2]. Alle Vorstellungen des Theismus, wenn sie ins Auge gefaßt, ernstlich genommen, wenn sie durchgeführt, realisiert werden, führen notwendig zum Pantheismus. Der Pantheismus ist der *konsequente* Theismus. Der Theismus denkt sich Gott als die Ursache, als den Schöpfer der Welt: Gott hat die Welt durch seinen Willen hervorgebracht. Aber der Wille reicht nicht aus. Wo einmal Wille ist, da muß auch Verstand sein: *was* man will, das ist nur Sache des Verstandes. Ohne Verstand kein Gegenstand. Die Dinge, die Gott hervorbrachte, waren daher vor ihrer Hervorbringung *in* Gott, als Objekte seines Verstandes, als Verstandeswesen. Der Verstand Gottes ist, heißt es in der Theologie, der Inbegriff aller Dinge und Wesenheiten. Woher wären sie auch sonst entsprungen als aus dem Nichts? Und es ist gleichgültig, ob Du Dir dieses Nichts in Deiner Einbildung selbständig vorstellst oder es in Gott verlegst. Aber Gott enthält oder ist alles nur *auf ideale Weise, in der Weise der Vorstellung.* Dieser ideale Pantheismus führt nun aber notwendig zum realen oder wirklichen; denn vom Verstand Gottes ist nicht weit bis zum Wesen und vom Wesen nicht weit bis zur Wirklichkeit Gottes. Wie sollte sich der Verstand vom Wesen, das Wesen von der Wirklichkeit oder Existenz Gottes trennen lassen? Sind die Dinge im Verstand Gottes, wie sollen sie außer seinem Wesen sein? Sind sie Folgen seines Verstandes, warum nicht Folgen seines Wesens? Und wenn in Gott sein Wesen unmittelbar mit seiner Wirklichkeit identisch ist, vom Begriff Gottes die Existenz desselben sich nicht absondern läßt, wie sollte sich im Begriff Gottes von den Dingen der Begriff des Dinges und das wirkliche Ding trennen lassen, wie also in Gott *der* Unterschied stattfinden, welcher nur die Natur des endlichen, ungöttlichen Verstandes konsti-

105

106

---

2   Wenn der Pantheismus und Theismus in ihre letzten unterscheidenden Elemente aufgelöst werden, so bestimmt sich freilich ihr Verhältnis zueinander anders – nämlich so, wie es anderwärts von mir bereits bestimmt wurde.

tuiert, der Unterschied zwischen dem Ding in der Vorstellung und dem Ding außer der Vorstellung? Haben wir aber einmal keine Dinge mehr *außer dem Wesen* und endlich auch keine mehr *außer der Existenz* Gottes – alle Dinge *sind* in Gott, und zwar in der Tat und Wahrheit, nicht in der Vorstellung nur; denn wo sie nur in der Vorstellung – sowohl Gottes als des Menschen –, also nur ideal oder vielmehr imaginär in Gott sind, da existieren sie zugleich außer der Vorstellung, außer Gott. Haben wir aber einmal keine Dinge, keine Welt mehr außer Gott, so haben wir auch keinen Gott mehr außer der Welt – kein nur ideales, vorgestelltes, sondern ein reales Wesen; so haben wir mit *einem* Worte den Spinozismus oder Pantheismus.

Der Theismus stellt sich Gott als ein pur immaterielles Wesen vor. Gott aber als immateriell bestimmen, heißt nichts anders, als die Materie als ein nichtiges Ding, als ein Unwesen bestimmen; denn Gott nur ist das Maß des Wirklichen, Gott nur Sein, Wahrheit, Wesen; nur was von und in Gott gilt, das *ist*; was von Gott verneint wird, ist nicht. Die Materie aus Gott ableiten, heißt daher nichts anderes, als durch ihr Nichtsein ihr Sein begründen wollen; denn Ableitung ist Angabe eines Grundes, Begründung. Gott hat die Materie gemacht. Aber wie, warum, woraus? Darauf gibt der Theismus keine Antwort. Die Materie ist für ihn ein rein *unerklärliches* Dasein, d.h. sie ist die *Grenze*, das *Ende* der Theologie, an ihr scheitert sie, wie im Leben, so im Denken. Wie kann ich also aus der Theologie, ohne sie zu negieren, das Ende, die Negation der Theologie ableiten? wie da, wo ihr der Verstand ausgeht, einen Erklärungsgrund, eine Auskunft suchen? wie aus der Verneinung der Materie oder Welt, welche das Wesen der Theologie ist, aus dem Satze: die Materie *ist nicht*, die Bejahung der Materie, den Satz: *sie ist*, und zwar dem Gott der Theologie zum Trotz, herausbringen? Wie anders als durch bloße Fiktionen? Die materiellen Dinge können nur aus Gott abgeleitet werden, wenn *Gott selbst als ein materialistisches Wesen* bestimmt wird. So nur wird Gott aus einer nur vorgestellten, eingebildeten Ursache zur *wirklichen* Ursache der Welt. Wer sich nicht schämt, Schuhe zu machen, der schäme sich auch nicht, ein Schuster zu sein und zu heißen. Hans Sachs war wohl Schuster und Dichter zugleich. Aber seine Schuhe waren die Werke seiner Hände, seine Gedichte die Werke seines Kopfes. Wie die Wirkung, so die Ursache. Aber die Materie ist *nicht* Gott, sie ist vielmehr das Endliche, das Ungöttliche, das Gott Verneinende – die unbedingten Verehrer und Anhänger der Materie sind Atheisten. Der Pantheismus verbindet daher mit dem Theismus den Atheismus – mit Gott die *Negation* Gottes: *Gott* ist ein *materielles*, in Spinozas Sprache ein *ausgedehntes Wesen*.

§ 15.

Der Pantheismus ist der *theologische Atheismus*, der *theologische Materialismus*, die *Negation der Theologie*, aber selbst auf auf dem *Standpunkt der Theologie*; denn er macht die Materie, die Negation Gottes zu einem *Prädikat* oder *Attribut des göttlichen Wesens*. Wer aber die Materie zu einem Attribut Gottes macht, der erklärt die Materie für ein *göttliches Wesen*. *Die Verwirklichung Gottes* hat überhaupt zur *Voraussetzung* die *Göttlichkeit*, d.i. *Wahrheit* und *Wesenhaftigkeit des Wirklichen*. *Die Vergötterung* des Wirklichen, des *materiell Existierenden* – der Materialismus, Empirismus, Realismus, Humanismus – die *Negation* der Theologie ist aber das *Wesen* der neueren Zeit. Der Pantheismus ist daher nichts anderes als das zum *göttlichen Wesen*, zu einem *religionsphilosophischen Prinzip* erhobene *Wesen der neueren Zeit*. 108

Der Empirismus oder Realismus, worunter hier überhaupt die sogenannten realen Wissenschaften, insbesondere die Naturwissenschaften verstanden werden, negiert die Theologie, aber nicht theoretisch, sondern *praktisch – durch die Tat*, indem der Realist das, was die Negation Gottes oder wenigstens *nicht* Gott ist, zur *wesentlichen* Angelegenheit seines Lebens, zum *wesentlichen Gegenstand* seiner Tätigkeit macht. Wer aber Geist und Herz nur auf das Materielle, das Sinnliche konzentriert, der spricht dem übersinnlichen *tatsächlich* seine Realität ab; denn nur das ist, für den Menschen wenigstens, wirklich, was ein Objekt reeller, wirklicher Tätigkeit ist. »Was ich nicht weiß, macht mich nicht heiß«. Die Rede, man könne vom übersinnlichen nichts wissen, ist nur eine Ausrede. Man weiß nur dann nichts mehr von Gott und göttlichen Dingen, wenn man von ihnen nichts mehr wissen mag. Wie vieles wußte man von Gott, wie vieles von den Teufeln, wie vieles von den Engeln, solange noch diese übersinnlichen Wesen Gegenstand eines wirklichen Glaubens waren! Wofür man sich *interessiert*, dazu hat man auch *Fähigkeit*. Die Mystiker und Scholastiker des Mittelalters hatten nur darum keine Fähigkeit und Geschicklichkeit zur Naturwissenschaft, weil sie kein Interesse für die Natur hatten. Wo der Sinn nicht fehlt, 109 da fehlen auch nicht die Sinne, die Organe. Wofür das Herz offen, das ist auch dem Verstand kein Geheimnis. So verlor denn auch die Menschheit in neuerer Zeit nur deswegen die Organe für die übersinnliche Welt und ihre Geheimnisse, weil sie mit dem Glauben an sie auch den Sinn für sie verlor, weil ihre wesentliche Tendenz eine antichristliche, antitheologische, d.h. eine anthropologische, kosmische, realistische, materialistische Tendenz war.[3] Spinoza traf daher mit seinem paradoxen Satz: Gott ist ein ausgedehntes, d.i. materielles Wesen, den Nagel auf den Kopf. Er fand den, für seine Zeit wenigstens, wahren philosophischen Ausdruck für die materialistische Tendenz der neueren Zeit; er legitimierte, sanktionierte sie: Gott selbst ist Materialist. Spinozas Philosophie war Religion; er selbst ein Charakter. Nichtstand bei ihm, wie bei unzähligen anderen, der Materialismus im Widerspruch mit der Vorstellung eines immateriellen, antimaterialistischen Gottes, der konsequent auch nur *antimaterialistische, himmlische Tendenzen* und *Beschäftigungen* dem Menschen zur *Pflicht* macht; denn Gott ist nichts anderes als das Ur- und Vorbild des Menschen: *wie* und *was* Gott ist, so und das *soll*, so und das *will* der Mensch sein oder hofft er wenigstens einst zu werden. Aber nur, wo die Theorie nicht die Praxis, die Praxis nicht die Theorie verleugnet, ist Charakter, Wahrheit und Religion. Spinoza ist der Moses der modernen Freigeister und Materialisten.

§ 16.

Der *Pantheismus* ist die *Negation der theoretischen*, der *Empirismus* die *Negation der praktischen* Theologie – der Pantheismus negiert das *Prinzip*, der Empirismus die *Konsequenzen* der Theologie.

Der Pantheismus macht Gott zu einem gegenwärtigen, wirklichen, materiellen Wesen; der Empirismus, wozu auch der Rationalismus gehört, zu einem abwesenden, fernen, unwirklichen, negativen Wesen. Der Empirismus spricht Gott nicht die Existenz ab, aber alle positiven Bestimmungen, weil ihr Inhalt nur ein endlicher, empirischer, das Unendliche daher kein Gegenstand für den Menschen sei. Je mehr Bestimmungen ich aber einem Wesen abspreche, desto mehr setze ich

---

3 Die Unterschiede zwischen Materialismus, Empirismus, Realismus, Humanismus sind natürlich hier in dieser Schrift gleichgültig.

es außer Zusammenhang mit mir, desto weniger räume ich ihm Macht und Einfluß auf mich ein, desto freier mache ich mich von ihm. Je mehr Qualitäten ich habe, desto mehr bin ich auch für andere, desto größer ist auch der Umfang meiner Wirkungen, meines Einflusses. Und *je mehr* einer *ist*, desto mehr *weiß* man auch von ihm. Jede Negation einer Eigenschaft Gottes ist daher ein partialer Atheismus, eine Sphäre der Gottlosigkeit. So weit ich die Eigenschaft wegnehme, so weit nehme ich Gott das Sein weg. Ist z.B. Teilnahme, Barmherzigkeit keine Eigenschaft Gottes, so bin ich in meinen Leiden allein für mich – Gott *ist nicht da* als mein Tröster. Ist Gott die Negation alles Endlichen, so ist konsequent auch das Endliche die Negation Gottes. Nur wenn Gott an mich denkt – so schließt der Religiöse – habe ich auch Grund und Ursache, an ihn zu denken; nur in seinem für mich Sein liegt der Grund meines für ihn Seins. Dem Empirismus ist daher in Wahrheit das theologische Wesen nichts mehr, d.h. nichts Wirkliches, aber er verlegt dieses Nichtsein nicht in den Gegenstand, sondern *nur in sich*, in sein *Wissen*. Er spricht Gott nicht das Sein ab, d.h. das tote, gleichgültige Sein, aber er spricht ihm das Sein ab, das sich *als Sein* beweist, das wirksame, fühlbare, ins Leben eingreifende Sein. Er bejaht Gott, aber *negiert alle Konsequenzen*, die mit dieser Bejahung *notwendig* verbunden sind. Er verwirft die Theologie, gibt sie auf, aber nicht aus theoretischen Gründen, sondern aus *Widerwillen*, aus *Abneigung* gegen die Gegenstände der Theologie, d.h. aus einem dunklen Gefühl von ihrer Unrealität. Die Theologie ist nichts, denkt der Empiriker bei sich, aber er setzt noch hinzu: *für mich*, d.h. sein Urteil ist ein subjektives, *pathologisches*; denn er hat nicht die Freiheit, aber auch nicht die Lust und den Beruf, die Gegenstände der Theologie vor das Forum der Vernunft zu ziehen. Dies ist der Beruf der Philosophie. Die Aufgabe der neueren Philosophie war daher keine andere, als das *pathologische Urteil des Empirismus, daß es mit der Theologie nichts sei,* zu einem *theoretischen, objektiven* Urteil zu erheben, – die indirekte, unbewußte, negative Negation der Theologie in eine direkte, positive, bewußte Negation zu verwandeln. Wie lächerlich ist es darum, den »Atheismus« der Philosophie unterdrücken zu wollen, ohne zugleich den Atheismus der Empirie zu unterdrücken! Wie lächerlich, die theoretische Negation des Christentums zu verfolgen und doch zugleich die tatsächlichen Negationen des Christentums, von denen die neuere Zeit wimmelt, bestehen zu lassen! Wie lächerlich, mit dem *Bewußtsein*, d.h. dem

Symptom des Übels auch zugleich die *Ursache* des Übels aufheben zu wollen! Ja, wie lächerlich! Und doch wie reich an solchen Lächerlichkeiten ist die Geschichte! Sie wiederholen sich in allen kritischen Zeiten. Kein Wunder; in der Vergangenheit läßt man sich alles gefallen, anerkennt man die Notwendigkeit der vorgefallenen Veränderungen und Revolutionen; aber gegen die Anwendung auf den *gegenwärtigen* Fall sträubt man sich immer mit Händen und Füßen; die Gegenwart macht man aus Kurzsichtigkeit oder Bequemlichkeit zu einer Ausnahme von der Regel.

§ 17.

Die Erhebung der Materie zu einer göttlichen Wesenheit ist unmittelbar zugleich die Erhebung der *Vernunft* zu einer *göttlichen Wesenheit*. Was der Theist aus *Gemütsbedürfnis*, aus Verlangen nach unbegrenzter Glückseligkeit vermittelst der Einbildungskraft von Gott verneint, das bejaht der Pantheist von Gott aus *Vernunftbedürfnis*. Die Materie ist der Vernunft ein wesentlicher Gegenstand. Wäre keine Materie, so hätte die Vernunft keinen *Reiz* und *Stoff* zum Denken, keinen Inhalt. Die Materie kann man *nicht aufgeben*, ohne *die Vernunft aufzugeben, nicht anerkennen, ohne die Vernunft anzuerkennen*. Materialisten sind Rationalisten. Aber der Pantheismus bejaht die Vernunft als eine göttliche Wesenheit nur *indirekt* – nur so, daß er Gott aus einem Wesen der Einbildungskraft, welches er als ein persönliches Wesen im Theismus ist, zu einem Vernunftgegenstande, einem Vernunftwesen macht; die *direkte* Apotheose der Vernunft ist der *Idealismus*. Der Pantheismus führt *notwendig* zum Idealismus. Der Idealismus verhält sich zum Pantheismus gerade wie dieser zum Theismus.

Wie das Objekt, so das Subjekt. Nicht den Sinnen, sondern nur dem *Verstand* ist nach Cartesius das *Wesen* der körperlichen Dinge, der Körper *als Substanz* Gegenstand; aber eben deswegen ist auch nicht der Sinn, sondern der Verstand nach Cartesius das *Wesen* des wahrnehmenden Subjektes, des Menschen. Nur dem Wesen ist Wesen als Objekt gegeben. Die Meinung hat nach Plato nur die unbeständigen Dinge zum Objekt, aber darum ist sie selbst das unbeständige, veränderliche Wissen – eben nur Meinung. Das Wesen der Musik ist dem Musiker das höchste Wesen – darum das Gehör das höchste Organ; er verliert lieber die Augen als die Ohren; der Naturforscher dagegen lieber die Ohren als die Augen, weil sein objektives Wesen das Licht. Vergöttere ich den Ton, so vergöttere ich das Ohr. Sage ich also wie der Pantheist: Die Gottheit oder, was eins ist, das absolute Wesen, die absolute Wahrheit und Realität ist *nur für die Vernunft, nur der Vernunft Gegenstand*, so erkläre ich Gott für ein Vernunftding oder Vernunftwesen und spreche dadurch nur indirekt die absolute Wahrheit und Realität der Vernunft aus. Und es ist daher notwendig, daß die Vernunft *auf sich selbst* zurückgeht, diese *verkehrte* Selbstanerkennung *umkehrt*, sich direkt als die absolute Wahrheit ausspricht, sich selbst unmittelbar, ohne das Zwischenglied eines Objektes, als die absolute Wahrheit Gegenstand wird. Der Pantheist sagt dasselbe, was der Idealist, nur spricht jener objektiv oder realistisch aus, was dieser subjektiv oder idealistisch. Jener hat seinen *Idealismus* im *Gegenstande* – außer der Substanz, außer Gott ist nichts, alle Dinge sind nur Bestimmungen Gottes – dieser hat seinen *Pantheismus* im Ich – außer dem Ich ist nichts, alle Dinge sind nur als Objekte des Ich. Aber gleichwohl ist der Idealismus die Wahrheit des Pantheismus; denn Gott oder die Substanz ist nur das Objekt der Vernunft, des Ich, des denkenden Wesens; – glaube, denke ich überhaupt keinen Gott, so habe ich keinen Gott, er ist *für mich* nur *durch mich*, für die Vernunft nur durch die Vernunft; – das A priori, das *erste* Wesen ist also nicht das *gedachte*, sondern das *denkende* Wesen, *nicht das Objekt, sondern das Subjekt*. So notwendig die Naturwissenschaft vom Licht auf das Auge, so notwendig ging 114 die Philosophie von den Gegenständen des Denkens auf das: Ich denke zurück. Was ist das Licht, als erleuchtendes, hell machendes Wesen, als Objekt der Optik, ohne das Auge? Nichts. Und so weit die Naturwissenschaft. Aber, was ist – so fragt nun weiter die Philosophie – das Auge ohne Bewußtsein? Gleichfalls nichts – ob ich sehe *ohne Bewußtsein* oder *nicht* sehe, ist identisch. Erst das Bewußtsein des Sehens ist die Wirklichkeit des Sehens oder wirkliches Sehen. Aber warum glaubst Du, daß etwas ist außer Dir? Weil Du etwas siehst, hörst, fühlst. Also ist dieses Etwas erst *als Objekt des Bewußtseins* ein *wirkliches* Etwas, ein *wirkliches Objekt* – also das Bewußtsein die absolute Realität oder Wirklichkeit, das Maß aller Existenz. Alles, was ist, *ist* nur als seiend für das Bewußtsein, als *Bewußtes*; denn *Bewußt* sein ist erst *Sein*. So verwirklicht sich im Idealismus das Wesen der Theologie, im Ich, im Bewußtsein das Wesen Gottes. Ohne Gott kann nichts sein, nichts gedacht werden; das heißt im Sinne des Idealismus: Alles ist nur als, sei es nun wirklicher oder möglicher, *Gegenstand* des Bewußtseins; Sein heißt *Gegenstand* sein, setzt also Bewußtsein voraus. Die Dinge, die Welt überhaupt ist ein Werk, ein Produkt des absoluten Wesens, Gottes; aber *dieses absolute Wesen* ist ein Ich, ein *bewußtes, denkendes* Wesen – also ist die Welt, wie Cartesius vortrefflich vom Standpunkte des Theismus aus sagt, ein Ens rationis divinae, ein *Gedankending*, ein Hirngespinst Gottes. Aber dieses Gedankending ist im Theismus, in der Theologie selbst wieder nur eine vage Vorstellung. Realisieren wir daher diese Vorstellung, führen wir sozusagen praktisch aus, was im Theismus nur Theorie ist, so haben wir die Welt als Produkt des Ich (Fichte) oder – wenigstens so, wie sie uns erscheint, wie wir sie anschauen – als ein Werk oder Produkt unserer Anschauung, unseres Verstandes (Kant). »Die Natur wird von den Gesetzen der Möglichkeit der Erfahrung überhaupt abgeleitet«. »Der Verstand schöpft seine Gesetze (a priori) nicht aus der Natur, sondern schreibt sie dieser vor«. Der Kantische Idealismus, wo sich die Dinge nach dem Verstand, nicht der Verstand nach den Dingen richtet, ist daher nichts anderes als die Verwirklichung der theologischen Vorstellung vom göttlichen Verstand, der nicht von den Dingen bestimmt wird, sondern umgekehrt diese bestimmt. Wie töricht ist es darum, den Idealismus im Himmel, d.h. den Idealismus der Einbildung als eine göttliche Wahrheit anzuerkennen, aber den Idealismus auf Erden, d.h. den Idealismus der Vernunft, als einen menschlichen Irrtum zu verwerfen! Leugnet Ihr den Idealismus, nun, so leugnet auch Gott! Gott ist nur der Urheber des Idealismus. Wollt Ihr die Konsequenzen nicht, so wollt auch das Prinzip nicht! Der Idealismus ist nichts als der *rationelle* oder rationalisierte Theismus. Aber der Kantische Idealismus ist noch ein beschränkter Idealismus – der *Idealismus* auf dem *Standpunkte des Empirismus*. Dem Empirismus ist Gott, der schon oben gegebenen Entwicklung zufolge, nur noch ein Wesen in der Vorstellung, in der Theorie – Theorie im gewöhnlichen, schlechten Sinne – aber nicht in der Tat und Wahrheit, ein Ding an sich, aber nicht mehr ein Ding *für ihn*; denn die Dinge für ihn sind allein die empirischen, wirklichen Dinge. Die Materie ist die einzige Materie seines Denkens – er hat daher *keine Materialien mehr für Gott*: Gott *ist* aber er ist *für uns* eine tabula rasa, ein leeres Wesen, ein bloßer Gedanke. Gott – Gott, wie wir ihn vorstellen, denken – ist unser Ich, unser Verstand, unser Wesen, aber *dieser* Gott ist nur eine *Erscheinung von uns für uns, nicht Gott an sich*. Kant ist der noch im Theismus befangene Idealismus. Wir sind oft längst von einer Sache, einer Lehre, einer Idee der Tat nach frei, aber gleichwohl sind wir es noch nicht im Kopf; sie ist keine Wahrheit mehr in *unserem Wesen* – sie war es vielleicht nie –, aber sie ist noch eine theoretische Wahrheit, d.h. eine Schranke unseres Kopfes. Der Kopf, weil er die Dinge am gründlichsten nimmt, wird auch am spätesten frei. Die theoretische Freiheit ist, wenigstens in vielen Dingen, die letzte Freiheit. Wie viele sind Republikaner von Herzen, von Gesinnung, aber im Kopf können sie nicht über die Monarchie hinaus; ihr republikanisches Herz scheitert an den Einwürfen und Schwierigkeiten, welche der Verstand macht. So ist es denn auch mit dem Theismus Kants. Kant hat die Theologie in der *Moral*, das göttliche Wesen im *Willen* realisiert und negiert. Der Wille ist Kant das wahre, ursprüngliche, unbedingte, von sich selbst anfangende Wesen. Kant vindiziert also In der Tat die Prädikate der Gottheit dem Willen; sein Theismus hat daher nur noch die Bedeutung einer theoretischen Schranke. Der von der Schranke des Theismus freie Kant ist Fichte – der »Messias der spekulativen Vernunft«. Fichte ist der Kantische Idealismus, *aber auf dem Standpunkt des Idealismus.* Nur auf dem empirischen Standpunkt gibt es nach Fichte einen von uns unterschiedenen, außer uns seienden Gott, aber in Wahrheit, auf dem Standpunkt des Idealismus ist das Ding an sich, ist Gott – denn Gott ist das eigentliche Ding an sich – nur das Ich *an sich,* d.h. das vom Individuum, vom empirischen Ich unterschiedene Ich. Außer dem Ich gibt es keinen Gott: »Unsere Religion ist die Vernunft«. Aber der Fichtesche Idealismus ist nur die Negation und Realisation des abstrakten und formalen Theismus, des Monotheismus, nicht des religiösen, materiellen, inhaltserfüllten Theismus, des Tritheismus, dessen Realisation erst der »*absolute*«, der *Hegelsche* Idealismus ist. Oder: Fichte hat nur den Gott des Pantheismus, *inwiefern* er ein *denkendes* Wesen, aber nicht inwiefern er ein ausgedehntes, materielles Wesen ist, realisiert. Fichte ist der theistische Idealismus, Hegel der pantheistische Idealismus.

§ 18.

Die neuere Philosophie hat das von der Sinnlichkeit, der Welt, dem Menschen abgesonderte und unterschiedene göttliche Wesen verwirklicht und aufgehoben – aber *nur im Denken, in der Vernunft,* und zwar einer *gleichfalls von der Sinnlichkeit, der Welt, dem Menschen abgeson-derten* und *unterschiedenen Vernunft.* Das heißt, die neuere Philosophie hat nur *die Gottheit des Verstandes bewiesen* – nur den, und zwar *abstrakten Verstand* als das *göttliche,* das *absolute Wesen* erkannt. Die Definition des *Cartesius von sich, als Geist: Mein Wesen* besteht *einzig darin, daß ich denke,* – ist die *Definition der neueren Philosophie von sich.* Der *Wille* des Kantischen und Fichteschen Idealismus ist selbst ein *pures Verstandeswesen,* und die Anschauung, die Schelling, im Gegensatz zu Fichte, mit dem Verstand verband, nur Phantasie, keine Wahrheit, kommt also nicht in Betracht.

Die neuere Philosophie ist von der Theologie ausgegangen – sie ist selbst nichts anderes als die in Philosophie aufgelöste und verwandelte Theologie. Das abstrakte und transzendente Wesen Gottes konnte daher selbst *nur auf eine abstrakte und transzendente Weise* verwirklicht und aufgehoben werden. Um Gott in die Vernunft zu verwandeln, mußte die Vernunft selbst die Beschaffenheit des abstrakten göttlichen Wesens annehmen. Die Sinne, sagt Cartesius, geben keine wahre Realität, kein Wesen, keine Gewißheit – nur der von den Sinnen abgezogene Verstand gibt Wahrheit. Woher dieser Zwiespalt zwischen dem Verstand und den Sinnen? Nur aus der Theologie kommt er. Gott ist kein sinnliches Wesen, er ist vielmehr die Negation aller Bestimmungen der Sinnlichkeit, wird nur erkannt durch die Abstraktion von derselben; aber er ist Gott, d.h. das *allerwahrste, allerrealste, allergewisseste* Wesen. Woher soll also die Wahrheit in die Sinne kommen – in die Sinne, die geborene Atheisten sind? Gott ist das Wesen, bei dem sich die Existenz nicht vom Wesen, vom Begriff absondern läßt, das gar nicht anders, denn als seiend gedacht werden kann. Cartesius verwandelt dieses objektive Wesen in ein subjektives, den ontologischen Beweis in einen psychologischen, das cogitatur deus ergo est in cogito ergo sum. Wie sich in Gott nicht das Sein vom Gedachtwerden, so läßt sich in mir – als Geist, der aber mein Wesen ist – nicht vom Denken das Sein absondern und, wie dort, so konstruiert auch hier diese Unzertrennlichkeit das Wesen. Ein Wesen, das *nur* ist – gleichviel, ob an sich oder für mich – *als Gedachtes,* als Gegenstand der Abstraktion von aller Sinnlichkeit, realisiert und versubjektiviert sich notwendig auch nur in einem Wesen, das *nur ist als denkendes,* dessen Wesenheit nur das abstrakte Denken.

§ 19.

Die *Vollendung* der neueren Philosophie ist die *Hegelsche* Philosophie. Die *historische Notwendigkeit* und *Rechtfertigung* der neuen Philosophie knüpft sich daher hauptsächlich an die *Kritik Hegels*.

119

§ 20.

Die neue Philosophie hat, ihrem historischen Ausgangspunkt nach, *dieselbe* Aufgabe und Stellung der *bisherigen Philosophie* gegenüber, welche *diese* der *Theologie* gegenüber hatte. Die neue Philosophie ist die *Realisation* der Hegelschen, überhaupt bisherigen Philosophie, – aber eine Realisation, die zugleich die *Negation*, und zwar *widerspruchlose* Negation, derselben ist.

§ 21.

Der *Widerspruch* der neueren Philosophie, insbesondere des Pantheismus, daß er *die Negation der Theologie auf dem Standpunkt der Theologie* oder *die* Negation der Theologie ist, welche *selbst wieder Theologie*, dieser Widerspruch *charakterisiert insbesondere die Hegelsche Philosophie*.

Das immaterielle Wesen, das Wesen, wie es pures Verstandesobjekt, reines Verstandeswesen, ist der neueren Philosophie, so auch der Hegelschen, allein das wahre, das absolute Wesen – Gott. Selbst die Materie, die Spinoza zum Attribut der göttlichen Substanz macht, ist ein metaphysisches Ding, ein pures Verstandeswesen; denn die wesentliche Bestimmung der Materie im Unterschied von dem Verstande, der Denktätigkeit, die Bestimmung, ein leidendes Wesen zu sein, ist ihr genommen. Aber Hegel unterscheidet sich von der früheren Philosophie dadurch, daß er das Verhältnis des materiellen, sinnlichen Wesens zum immateriellen anders bestimmt. Die früheren Philosophen und Theologen dachten das wahre, das göttliche Wesen als ein von Natur, per se von der Sinnlichkeit oder Materie abgelöstes, befreites Wesen; nur *in sich selbst* verlegten sie die Mühe und Arbeit der Abstraktion, des sich Freimachens vom Sinnlichen, um zu dem zu kommen, was *an sich selber* davon *frei ist*. In dieses *Freisein* setzten sie die *Seligkeit* des göttlichen, in dieses sich *Freimachen* die *Tugend* des menschlichen

120

Wesens. Hegel dagegen machte diese subjektive Tätigkeit zur Selbsttätigkeit des göttlichen Wesens. Gott selbst muß sich dieser Arbeit unterziehen, sich, wie die Heroen des Heidentums, durch Tugend seine Gottheit erkämpfen. So nur wird die Freiheit des Absoluten von der Materie, die außerdem nur Voraussetzung, nur Vorstellung ist, Tat und Wahrheit. Aber diese Selbstbefreiung von der Materie kann nur in Gott gesetzt werden, wenn zugleich die Materie in ihn gesetzt wird. Wie kann sie aber in ihn gesetzt werden? Nur dadurch, daß er sie selbst setzt. Aber in Gott ist nur Gott. Also nur dadurch, daß er *sich selbst* als Materie, als Nicht-Gott, als sein Anderes setzt. Die Materie ist so kein dem Ich, dem Geist auf eine unbegreifliche Weise vorausgesetzter Gegensatz: sie ist die *Selbstentäußerung* des Geistes. Damit bekommt die Materie selbst Geist und Verstand, sie ist aufgenommen in das absolute Wesen als ein Lebens-, Bildungs- und Entwicklungsmoment desselben; zugleich ist sie aber doch wieder als ein *nichtiges, unwahres* Wesen gesetzt, indem erst das aus dieser Entäußerung sich herstellende, d.h. die Materie, die Sinnlichkeit von sich abstreifende Wesen als das Wesen in seiner Vollendung, in seiner wahren Gestalt und Form ausgesprochen wird. Das Natürliche, Materielle, Sinnliche – und zwar das Sinnliche nicht im gemeinen, moralischen, sondern metaphysischen Sinne – ist also auch hier *das zu Negierende*, wie in der Theologie die durch die Erbsünde vergiftete Natur. Es wird zwar aufgenommen in die Vernunft, das Ich, den Geist, aber es ist das *Unvernünftige* in der Vernunft, das *Nicht-Ich* im Ich, das *Negative* desselben, wie bei Schelling die Natur in Gott das Nicht-Göttliche in Gott, *in* ihm *außer* ihm ist, wie in der Cartesischen. Philosophie der Leib, wenn gleich mit mir, mit dem Geiste verbunden, dennoch *außer mir* ist, nicht zu mir, zu meinem Wesen gehört, und es daher gleichgültig ist, ob er mit mir verbunden ist oder nicht ist. Die Materie bleibt *im Widerspruch* mit dem von der Philosophie als wahres Wesen vorausgesetzten Wesen.

Die Materie ist zwar in Gott gesetzt, d.h. als Gott gesetzt, und die Materie als Gott setzen ist so viel als sagen: es ist kein Gott, also so viel als: die Theologie aufheben, die Wahrheit des Materialismus anerkennen. Aber zugleich ist doch die Wahrheit des Wesens der Theologie noch vorausgesetzt. Der Atheismus, die Negation der Theologie wird daher wieder negiert, d.h. die Theologie durch die Philosophie wieder hergestellt. Gott ist *Gott* erst dadurch, daß er die Materie, die Negation

Gottes, überwindet, negiert. Und erst die Negation der Negation ist nach Hegel wahre Position. Am Ende sind wir daher wieder, wovon wir anfänglich ausgegangen – im Schöße der christlichen Theologie. So haben wir schon im obersten Prinzip der Hegelschen Philosophie das Prinzip und Resultat seiner Religionsphilosophie, daß die Philosophie die Dogmen der Theologie nicht aufhebe, sondern nur aus der Negation des Rationalismus wieder herstelle, sie nur vermittele. Das Geheimnis der Hegelschen Dialektik ist zuletzt nur dieses, daß er die Theologie durch die Philosophie und dann wieder die Philosophie durch die Theologie negiert. Anfang und Ende bildet die Theologie, in der Mitte steht die Philosophie, als die Negation der ersten Position, aber die Negation der Negation ist die Theologie. Erst wird alles umgeworfen, aber dann wieder alles an seinen alten Platz gestellt, wie bei Cartesius. Die Hegelsche Philosophie ist der letzte großartige Versuch, das verlorene, untergegangene Christentum durch die Philosophie wiederherzustellen, und zwar dadurch, daß, wie überhaupt in der neueren Zeit, die *Negation* des Christentums *mit dem Christentum selbst identifiziert wird.* Die vielgepriesene spekulative Identität des Geistes und der Materie, des Unendlichen und Endlichen, des Göttlichen und Menschlichen ist nichts weiter als der unselige Widerspruch der neuem Zeit – die Identität von Glaube und Unglaube, Theologie und Philosophie, Religion und Atheismus, Christentum und Heidentum auf seinem höchsten Gipfel, auf dem Gipfel der Metaphysik. Nur dadurch wird dieser Widerspruch bei Hegel den Augen entrückt, verdunkelt, daß die Negation Gottes, der Atheismus zu einer objektiven Bestimmung Gottes gemacht – Gott als ein *Prozeß* und als ein Moment dieses Prozesses der Atheismus bestimmt wird. Aber so wenig der aus dem Unglauben wieder hergestellte Glaube ein wahrer, weil stets mit seinem Gegensatz behafteter Glaube ist, so wenig ist der aus seiner Negation sich wiederherstellende Gott ein wahrer, vielmehr ein sich selbst widersprechender, ein atheistischer Gott.

§ 22.

Wie das göttliche Wesen nichts anderes ist als das Wesen des Menschen, befreit von der Schranke der Natur, so ist das Wesen des *absoluten Idealismus* nichts anderes, als *das Wesen des subjektiven Idealismus, befreit von der, und zwar vernünftigen, Schranke der Subjektivität,* d.h. von der *Sinnlichkeit* oder *Gegenständlichkeit* überhaupt. Die Hegelsche Philosophie läßt sich daher *unmittelbar* aus dem Kantischen und Fichteschen Idealismus ableiten.

Kant sagt: »Wenn wir die Gegenstände der Sinne, wie billig, als *bloße Erscheinungen* ansehen, so gestehen wir hierdurch doch zugleich, daß ihnen ein *Ding an sich selbst* zum Grunde liegt, ob wir dasselbe gleich nicht, wie es an sich beschaffen sei, sondern nur seine Erscheinung, d.i. die Art, wie unsere Sinne von diesem unbekannten Etwas affiziert werden, kennen. Der Verstand also, eben dadurch, daß er *Erscheinungen annimmt*, gesteht auch das Dasein *von Dingen an sich selbst* zu, und insofern können wir sagen, daß die Vorstellung solcher Wesen, die den Erscheinungen zum Grunde liegen, mithin *bloßer Verstandeswesen* nicht allein zulässig, sondern auch *unvermeidlich* sei«. Die Gegenstände der Sinne, der Erfahrung sind also für den Verstand bloße Erscheinung, *keine Wahrheit*; sie befriedigen also nicht den Verstand, d.h. *sie entsprechen nicht seinem Wesen*. Der Verstand ist folglich keineswegs durch die Sinnlichkeit in seinem Wesen beschränkt; sonst würde er die sinnlichen Dinge nicht für Erscheinungen, sondern für blanke Wahrheit nehmen. Was mich nicht befriedigt, begrenzt und beschränkt mich auch nicht. Und dennoch sollen die Verstandeswesen keine wirklichen Objekte für den Verstand sein! Die Kantische Philosophie ist der Widerspruch von *Subjekt* und *Objekt*, *Wesen* und *Existenz*, *Denken* und *Sein*. Das Wesen fällt hier in den Verstand, die Existenz in die Sinne. Die *Existenz ohne Wesen ist bloße Erscheinung* – das sind die *sinnlichen Dinge* – das *Wesen ohne Existenz* ist *bloßer Gedanke* – das sind die *Verstandeswesen*, die *Noumena*; sie werden gedacht, aber es fehlt ihnen die Existenz – wenigstens die Existenz für uns –, die Objektivität; sie sind die Dinge an sich, die *wahren* Dinge, nur sind sie keine *wirklichen* Dinge, und folglich auch keine Dinge für den Verstand, d.h. keine von ihm bestimm- und erkennbaren. Aber welch ein Widerspruch, die Wahrheit von der Wirklichkeit, die Wirklichkeit von der Wahrheit abzutrennen! Heben wir daher diesen Widerspruch auf, so haben wir die Identitätsphilosophie, wo die *Verstandesobjekte*, die *gedachten Dinge als die wahren* auch die *wirklichen* sind, wo das Wesen und die Beschaffenheit des *Objektes* des Verstandes dem Wesen und der Beschaffenheit des Verstandes oder *Subjektes* entspricht, wo also das Subjekt nicht mehr beschränkt und bedingt ist durch einen außer ihm existierenden, seinem Wesen widersprechenden

Stoff. Aber das Subjekt, das kein Ding mehr außer sich und folglich keine Schranken mehr in sich hat, ist nicht mehr »endliches« Subjekt – nicht mehr *das* Ich, dem ein Objekt gegenübersteht –, ist das absolute Wesen, dessen theologischer oder populärer Ausdruck das Wort: Gott ist. Es ist zwar dasselbe Subjekt, dasselbe Ich, wie im subjektiven Idealismus, – aber *ohne Schranken, das Ich*, das daher auch nicht mehr Ich, subjektives Wesen zu *sein scheint*, und deswegen auch nicht mehr Ich heißt.

§ 23.

Die Hegelsche Philosophie ist der *umgekehrte* – der *theologische* Idealismus, wie die *Spinozische* Philosophie der *theologische Materialismus* ist; sie hat das *Wesen* des *Ich außer* das Ich gesetzt, abgesondert vom Ich, als Substanz, als Gott vergegenständlicht, aber dadurch wieder – also *indirekt, verkehrt* – die *Göttlichkeit* des Ich ausgesprochen, daß sie dasselbe, wie Spinoza die Materie, zu einem *Attribut* oder *zur Form der göttlichen Substanz* machte: das *Bewußtsein des Menschen von Gott* ist das *Selbstbewußtsein Gottes*. Das heißt: das Wesen gehört Gott an, das Wissen dem Menschen. Aber das Wesen Gottes ist bei Hegel in der Tat nichts anderes als das Wesen des Denkens oder das Denken, *abstrahiert von dem Ich, dem Denkenden*. Die Hegelsche Philosophie hat das Denken, also das *subjektive Wesen*, aber gedacht ohne Subjekt, also als ein von demselben unterschiedenes Wesen vorgestellt, zum *göttlichen, absoluten* Wesen gemacht.

Das Geheimnis der »absoluten« Philosophie ist daher das Geheimnis der Theologie. Wie diese die Bestimmungen des Menschen dadurch zu göttlichen Bestimmungen macht, daß sie dieselben *der* Bestimmtheit beraubt, in welcher sie sind, was sie sind, gerade so macht es auch die absolute Philosophie. »Das Denken der Vernunft ist jedem zuzumuten; um sie als *absolut* zu denken, um also auf den Standpunkt zu gelangen, welchen ich fordere, muß vom *Denkenden abstrahiert* werden. Dem, welcher die *Abstraktion* macht, hört die Vernunft unmittelbar auf, etwas *Subjektives* zu sein, wie sie von den meisten vorgestellt wird; ja sie kann selbst nicht mehr als etwas *Objektives* gedacht werden, da ein *Objektives* oder *Gedachtes nur im Gegensatz* gegen ein *Denkendes* möglich wird, von dem hier *völlig abstrahiert* ist; sie wird also durch jene *Abstraktion* zu dem wahren an sich, welches eben in den Indifferenzpunkt des Subjektiven und Objektiven fällt«. Schelling. Ebenso ist es bei Hegel. Das seiner *Bestimmtheit, in der es Denken, Tätigkeit der Subjektivität ist, beraubte Denken* ist das *Wesen* der Hegelschen Logik. Der dritte Teil der Logik ist und heißt sogar ausdrücklich die *subjektive* Logik, und gleichwohl *sollen* die Formen der Subjektivität, welche der Gegenstand derselben sind, *nicht subjektive* sein. Der Begriff, das Urteil, der Schluß, ja selbst die einzelnen Schluß- und Urteilsformen, wie das problematische, assertorische Urteil, sind nicht Begriffe, Urteile, Schlüsse von uns; nein! sie sind objektive, an und für sich seiende, absolute Formen. So entäußert und entfremdet die absolute Philosophie dem Menschen sein eigenes Wesen, seine eigene Tätigkeit! Daher die Gewalt, die Tortur, die sie unserem Geist antut. Wir sollen das Unsrige nicht als Unsriges denken, sollen abstrahieren von der Bestimmtheit, in der etwas ist, was es ist, d.h. wir sollen es denken *ohne Sinn*, sollen es nehmen im *Unsinn* des Absoluten. *Unsinn* ist das höchste Wesen der Theologie – der gemeinen wie der spekulativen.

Was Hegel tadelnd von Fichtes Philosophie bemerkt, daß jeder das Ich in sich zu haben meint, an sich erinnert wird und doch nicht das Ich in sich findet, gilt von der spekulativen Philosophie überhaupt. Sie nimmt fast alle Dinge in einem Sinne, in welchem man diese Dinge nicht mehr erkennt. Und der Grund dieses Übels ist eben die Theologie. Das göttliche, das absolute Wesen muß sich unterscheiden von den endlichen, d.h. wirklichen Wesen. Aber wir haben keine Bestimmungen für das Absolute, als eben die Bestimmungen der wirklichen Dinge, sei's nun der natürlichen oder menschlichen. Wie werden also diese Bestimmungen zu Bestimmungen des Absoluten? Nur dadurch, daß sie in einem anderen Sinn als in ihrem wirklichen Sinn, d.i. einem gänzlich verkehrten Sinn genommen werden. Alles ist im Absoluten, was im Endlichen; aber dort ist *es ganz anders* als wie hier; dort gelten ganz *andere* Gesetze als bei uns; dort ist Vernunft und Weisheit, was bei uns purer Unsinn ist. Daher die *grenzenlose Willkür* der Spekulation, daß sie den Namen einer Sache gebraucht, ohne doch den Begriff gelten zu lassen, welcher mit diesem Namen verbunden ist. Die Spekulation entschuldigt diese ihre Willkür damit, daß sie sagt, sie wähle für ihre Begriffe aus der Sprache Namen, mit denen das »gemeine Bewußtsein« Vorstellungen verknüpfe, welche eine entfernte Ähnlichkeit mit diesen Begriffen hätten; sie schiebt also die Schuld auf die Sprache. Aber die Schuld liegt in der Sache, im *Prinzip* der Spekulation selbst. Der Widerspruch zwischen dem Namen und der Sache, der Vorstellung und dem Begriff der Spekulation ist nichts anderes als der alte theologische Widerspruch zwischen den Bestimmungen des göttlichen und menschlichen Wesens, welche Bestimmungen in Beziehung auf den Menschen im eigentlichen, wirklichen Sinn, in Beziehung auf Gott aber nur in einem symbolischen oder analogischen Sinn genommen werden. Allerdings hat sich die Philosophie nicht zu kehren an die Vorstellungen, welche der gemeine Gebrauch oder Mißbrauch mit einem Namen verbindet, aber sie hat sich zu binden an die bestimmte Natur der Dinge, deren Zeichen Namen sind.

§ 24.

Die *Identität von Denken* und *Sein*, der *Zentralpunkt* der *Identitätsphilosophie*, ist nichts anderes als eine *notwendige Folge* und *Ausführung* von dem *Begriff Gottes* als des Wesens, dessen Begriff oder Wesen das Sein enthält. Die spekulative Philosophie hat nur *verallgemeinert*, nur zu einer Eigenschaft des Denkens, des *Begriffes überhaupt* gemacht, was die Theologie zu einer *ausschließlichen Eigenschaft des Begriffes Gottes* machte. Die Identität von Denken und Sein ist daher nur der Ausdruck von der *Gottheit der Vernunft* – der Ausdruck davon, daß das Denken oder die *Vernunft das absolute* Wesen, der *Inbegriff aller Wahrheit* und Realität ist, daß es *keinen Gegensatz* der Vernunft gibt, daß vielmehr die Vernunft alles ist, wie in der strengen Theologie Gott alles ist, d.i. alles Wesenhafte und wahrhaft Seiende. Aber ein *vom Denken nicht unterschiedenes Sein*, ein Sein, das nur ein *Prädikat* oder eine Bestimmung der Vernunft ist, das ist nur ein *gedachtes abstraktes* Sein, in Wahrheit aber *kein* Sein. Die Identität von Denken und Sein drückt daher nur die *Identität des Denkens mit sich selbst* aus. Das heißt: das absolute Denken kommt *nicht von sich weg, nicht aus sich heraus zum Sein*. Sein bleibt ein Jenseits. Die absolute Philosophie hat uns wohl das *Jenseits der Theologie* zum *Diesseits* gemacht, aber dafür hat sie uns das *Diesseits der wirklichen Welt* zum *Jenseits* gemacht.

Das Denken der spekulativen oder absoluten Philosophie bestimmt im Unterschiede *von sich*, als der Tätigkeit des Vermittelns, das Sein *als das Unmittelbare, nicht Vermittelte. Für das Denken* – wenigstens das Denken, was wir hier vor uns haben – ist das Sein nichts weiter als dieses. Das Denken setzt sich das Sein entgegen, aber *innerhalb seiner selbst*, und hebt dadurch unmittelbar ohne Schwierigkeit den Gegensatz desselben gegen sich auf; denn das Sein als Gegensatz des Denkens *im Denken* ist nichts anderes als selbst ein Gedanke. Wenn das Sein weiter nichts ist als das Unmittelbare, die Unmittelbarkeit allein seinen Unterschied vom Denken ausmacht, wie leicht ist es nachzuweisen, daß auch dem Denken die Bestimmung der Unmittelbarkeit, also Sein zukommt! Wenn eine bloße *Gedankenbestimmtheit* das Wesen des Seins ausmacht, wie sollte das Sein vom Denken unterschieden sein?

§ 25.

Der Beweis, daß etwas *ist*, hat keinen anderen Sinn, als daß etwas *nicht nur Gedachtes* ist. Dieser Beweis kann aber *nicht aus dem Denken selbst* geschöpft werden. Wenn zu einem Objekt des Denkens das Sein hinzukommen soll, so muß zum Denken selbst etwas *vom Denken Unterschiedenes hinzukommen*.

Das von Kant bei der Kritik des ontologischen Beweises zur Bezeichnung des Unterschiedes vom Denken und Sein gewählte, von Hegel aber verhöhnte Beispiel von dem Unterschied zwischen hundert Talern in der Vorstellung und hundert Talern in der Wirklichkeit, ist im wesentlichen ganz richtig. Denn die einen Taler habe ich nur im *Kopf*, die anderen aber in der *Hand*; jene sind nur *für mich* da, diese aber auch *für andere* – sie können gefühlt, gesehen werden; aber nur das existiert, was für mich und den anderen zugleich ist, worin ich und der andere übereinstimmen, was nicht nur mein – was *allgemein* ist.

Im Denken als solchem befinde ich mich in Identität mit mir selbst, bin ich absoluter Herr; da widerspricht mir nichts; da bin ich Richter und Partei zugleich, da ist folglich kein kritischer Unterschied zwischen dem Gegenstand und meinen Gedanken von ihm. Aber wenn es sich lediglich um das *Sein* eines Gegenstandes handelt, so kann ich nicht mich allein um Rat fragen, so muß ich *von mir unterschiedene* Zeugen vernehmen. Diese von mir als Denkendem unterschiedenen Zeugen sind die Sinne. Sein ist etwas, wobei nicht Ich allein, sondern auch die anderen, vor allem auch der *Gegenstand* selbst *beteiligt* ist. Sein heißt *Subjekt* sein, heißt für sich sein. Und das ist wahrlich nicht einerlei, ob ich Subjekt oder nur Objekt bin, ein Wesen für mich selbst oder nur ein Wesen für ein anderes Wesen, d.h. nur ein Gedanke. Wo ich ein bloßes Objekt der Vorstellung bin, folglich nicht mehr selbst bin, wie es der Mensch nach dem Tode ist, da muß ich mir alles gefallen lassen, da kann sich der andere ein Bild von mir machen, das eine wahre Karikatur ist, ohne daß ich dagegen protestieren kann; aber wenn ich noch wirklich bin, so kann ich ihm einen Strich durch die Rechnung machen, kann es ihm fühlen lassen, beweisen, daß zwischen mir, wie ich in seiner Vorstellung, und mir, wie ich in Wirklichkeit bin, also zwischen mir, wie ich Objekt von ihm, und mir, wie ich Subjekt bin, ein himmelweiter Unterschied vorhanden ist. Im Denken bin ich absolutes Subjekt, ich lasse alles nur gelten als Objekt oder Prädikat von lasse alles nur gelten als Objekt oder Prädikat von mir, dem Denkenden, bin intolerant; in der Sinnentätigkeit dagegen bin ich liberal, ich lasse den Gegenstand sein, was ich selber bin – Subjekt, *wirkliches, sich selbst betätigendes* Wesen. Nur der Sinn, nur die Anschauung gibt mir etwas als *Subjekt*.

§ 26.

Ein *nur*, und zwar *abstrakt denkendes* Wesen hat gar *keine Vorstellung von Sein, Existenz, Wirklichkeit. Sein ist die Grenze des Denkens; Sein als Sein ist kein Gegenstand der, wenigstens abstrakten, absoluten Philosophie.* Die spekulative Philosophie spricht *dies selbst indirekt dadurch aus,* daß ihr das *Sein gleich Nichtsein – nichts* ist. Nichts ist aber *kein Gegenstand* des *Denkens.*

Das Sein, *wie es Objekt des spekulativen Denkens,* ist das schlechthin Unmittelbare, d.i. Unbestimmte, also *nichts ist in ihm zu unterscheiden, nichts zu denken.* Aber das spekulative Denken ist sich das Maß aller Realität, es erklärt nur das für etwas, worin es sich betätigt findet, woran es Stoff zum Denken hat. Das Sein ist daher dem abstrakten Denken, weil es das Nichts des Gedankens, d.h. Nichts für den Gedanken – das *Gedankenlose* ist, an und für sich selbst Nichts. Aber eben deswegen ist auch das Sein, wie es die spekulative Philosophie in ihr Gebiet hereinzieht und dem Begriff vindiziert, ein pures Gespenst, das absolut im Widerspruch steht mit dem wirklichen Sein und dem, was der Mensch unter Sein versteht. Unter *Sein* versteht nämlich der Mensch sach- und vernunftgemäß *Dasein, Fürsichsein, Realität, Existenz, Wirklichkeit, Objektivität.* Alle diese Bestimmungen oder Namen drücken nur von verschiedenen Gesichtspunkten eine und dieselbe

Sache aus. Sein *in abstracto*, Sein *ohne* Objektivität, *ohne* Wirklichkeit, *ohne* Fürsichsein ist freilich nichts, aber in *diesem Nichts spreche ich nur die Nichtigkeit dieser meiner Abstraktion aus.*

§ 27.

Das Sein der Hegelschen Logik ist das *Sein der alten Metaphysik*, welches von allen Dingen *ohne Unterschied* ausgesagt wird, weil nach ihr *alle darin übereinkommen, daß sie sind.* Dieses *unterschiedslose Sein* ist aber ein *abstrakter Gedanke*, ein *Gedanke ohne Realität. Das Sein ist so verschieden als die Dinge, welche sind.*

Darin, heißt es z.B. in einer Metaphysik aus der Wolffischen Schule, stimmen Gott, die Welt, der Mensch, der Tisch, das Buch usw. miteinander überein, daß sie sind. Und Christ. Thomasius sagt: »Das Sein ist überall einerlei. Das Wesen ist so vielfältig als die Dinge«. Dieses überall gleiche, unterschieds- und inhaltslose Sein ist nun auch das Sein der Hegelschen Logik. Hegel bemerkt selbst, daß die Polemik gegen die Identität von Sein und Nichts nur daher komme, daß man dem Sein einen *bestimmten* Inhalt unterstelle. Aber eben das Bewußtsein des Seins ist immer und notwendig am bestimmten Inhalt gebunden. Abstrahiere ich vom *Inhalt* des Seins, und zwar von allem Inhalt, denn alles ist Inhalt des Seins, so bleibt mir freilich nichts übrig, als der Gedanke von nichts. Und wenn daher Hegel dem gemeinen Bewußtsein vorwirft, daß es etwas, was nicht zum Sein gehöre, dem Sein, wie es Gegenstand der Logik, unterstelle, so trifft vielmehr ihn der Vorwurf, daß er eine bodenlose Abstraktion dem, was das menschliche Bewußtsein rechtmäßiger und vernünftigerweise unter Sein versteht, unterstellt. Das Sein ist *kein allgemeiner, von den Dingen abtrennbarer Begriff. Es ist eins mit dem, was ist.* Es ist nur mittelbar denkbar – nur denkbar durch die Prädikate, welche das Wesen eines Dinges begründen. Das Sein ist die Position des Wesens. *Was mein Wesen, ist mein Sein.* Der Fisch ist im Wasser, aber von diesem Sein kannst Du nicht sein Wesen abtrennen. Schon die Sprache identifiziert Sein und Wesen. Nur im menschlichen Leben sondert sich, aber auch nur in abnormen, unglücklichen Fällen, Sein, vom Wesen – ereignet es sich, daß man nicht da, wo man sein Sein, auch sein Wesen hat, aber eben wegen dieser Scheidung auch nicht wahrhaft, nicht mit der Seele da ist, wo man wirklich, mit dem Leibe ist. Nur wo Dein Herz, *da bist Du.* Aber alle

Wesen sind – naturwidrige Fälle ausgenommen – gern da, wo, und gern das, was sie sind, d.h. ihr Wesen ist nicht von ihrem Sein, ihr Sein nicht vom Wesen abgetrennt. Und Du kannst folglich nicht das Sein als ein schlechthin Identisches im Unterschiede von der Verschiedenheit des Wesens für sich fixieren. Das Sein *nach Abzug aller wesentlichen Qualitäten* der Dinge ist nur *Deine Vorstellung* vom Sein – ein gemachtes, erdachtes Sein, ein Sein *ohne das Wesen* des Seins.

§ 28.

Die Hegelsche Philosophie ist nicht über den Widerspruch von Denken und Sein hinausgekommen. Das *Sein, mit welchem die Phänomenologie* beginnt, steht nicht minder als *das Sein*, mit *welchem die Logik anhebt, im direktesten Widerspruch mit dem wirklichen Sein.*

Dieser Widerspruch kommt in der Phänomenologie in der Form des »Diesen« und des »Allgemeinen« zum Vorschein, denn das Einzelne gehört dem Sein an, das Allgemeine dem Denken. In der Phänomenologie nun fließt Dieses mit Diesem ununterscheidbar für den Gedanken zusammen; aber welch ein gewaltiger Unterschied ist zwischen dem Diesen, wie es Objekt des abstrakten Denkens, und eben demselben, wie es Objekt der Wirklichkeit ist! *Dieses Weib z.B. ist mein Weib, dieses* Haus *mein* Haus, obgleich jeder von seinem Hause und seinem Weibe, wie ich, sagt: dieses Haus, dieses Weib. Die Gleichgültigkeit und Unterschiedslosigkeit des logischen Diesen wird hier also durch den Rechtssinn unterbrochen und aufgehoben. Würden wir das logische »Diese« im Naturrecht gelten lassen, so kämen wir direkt auf die Güter- und Weibergemeinschaft, wo kein Unterschied ist zwischen jener und dieser, Jeder Jede hat, – oder vielmehr geradezu auf die Aufhebung alles Rechtes; denn das Recht ist nur gegründet auf die Realität des Unterschiedes von Diesem und Jenem.

Wir haben im Anfang der Phänomenologie nichts weiter vor uns als den Widerspruch zwischen dem *Wort*, welches allgemein, und der *Sache*, welche immer eine einzelne ist. Und der Gedanke, der sich nur auf das Wort stützt, kommt nicht über diesen Widerspruch hinaus. So wenig aber das Wort die Sache ist, so wenig ist das *gesagte* oder *gedachte* Sein das wirkliche Sein. Entgegnet man, bei Hegel sei nicht, wie hier, vom Sein auf dem praktischen, sondern nur theoretischen Standpunkt die Rede, so ist zu erwidern, daß dieser hier ganz am Orte ist. Die Frage vom Sein ist eben eine praktische Frage, eine Frage, bei dem unser Sein beteiligt ist, eine Frage auf Tod und Leben. Und wenn wir im Rechte an unserem Sein festhalten, so wollen wir es uns auch von der Logik nicht wegnehmen lassen. Es muß auch von der Logik anerkannt werden, wenn sie nicht im Widerspruch mit dem wirklichen Sein beharren will. Übrigens wird der praktische Standpunkt - der Standpunkt des Essens und Trinkens - selbst von der Phänomenologie zur Widerlegung der Wahrheit des sinnlichen, d.i. einzelnen Seins herbeigezogen. Allein auch hier verdanke ich meine Existenz nun und nimmermehr dem sprachlichen oder logischen Brote - dem Brote in abstracto - sondern immer nur *diesem* Brote, dem »*Unsagbaren*«. Das Sein, gegründet auf lauter solche Unsagbarkeiten, ist darum selbst etwas Unsagbares. Jawohl, das Unsagbare. Wo die Worte aufhören, da fängt erst das Leben an, erschließt sich erst das Geheimnis des Seins. Wenn daher Unsagbarkeit Unvernünftigkeit ist, so ist alle Existenz, weil sie immer und immer nur *diese* Existenz ist, Unvernunft. Aber sie ist es nicht. Die Existenz hat für sich selbst, auch ohne Sagbarkeit, Sinn und Vernunft.

§ 29.

Das »*über sein Anderes* - ›das Andere des Denkens‹ ist aber das *Sein - übergreifende*« Denken ist das seine *Naturgrenze überschreitende Denken*. Das Denken greift über sein Gegenteil über - heißt: das Denken *vindiziert sich*, was *nicht dem Denken, sondern dem Sein zukommt*. Dem *Sein* kommt aber die *Einzelheit, Individualität*, dem *Denken* die *Allgemeinheit* zu. Das Denken *vindiziert sich also die Einzelheit* - es macht die Negation der Allgemeinheit, die wesentliche
Form der Sinnlichkeit, *die Einzelheit zu einem Moment des Denkens*. So wird das »abstrakte« Denken oder der abstrakte Begriff, der das Sein *außer sich* hat, »konkreter« Begriff.

Wie kommt der Mensch aber zu diesen Übergriffen des Denkens in das Eigentum des Seins? Durch die Theologie. In Gott ist unmittelbar mit dem Wesen oder Begriffe das Sein, mit der Allgemeinheit die Einzelheit, die Existenzform verbunden. Der »*konkrete Begriff*« ist der *in den Begriff verwandelte Gott*. Aber wie kommt der Mensch von dem »abstrakten« Denken zum »konkreten« oder absoluten Denken, wie von der Philosophie zur Theologie? Die Antwort auf diese Frage hat die Geschichte selbst schon gegeben in dem Übergang von der alten heidnischen Philosophie zur sogenannten *neuplatonischen*; denn die neuplatonische Philosophie unterscheidet sich von der alten nur dadurch, daß sie Theologie ist, während jene nur Philosophie ist. Die alte Philosophie hatte zu ihrem Prinzip die Vernunft, die »Idee«, aber »die Idee ist von Plato und Aristoteles nicht als das *Alles Enthaltende* gesetzt worden.« Die alte Philosophie ließ etwas außer dem Denken bestehen – einen Rest gleichsam übrig, der nicht in das Denken aufging. Das Bild dieses Seins außer dem Denken ist die *Materie* – das Substrat der Realität. Die Vernunft hatte an der Materie ihre *Grenze*. Die alte Philosophie lebte noch im Unterschiede vom Denken und Sein, ihr war noch nicht das Denken, der Geist, die Idee die *alles befassende, d.i. die einzige*, die *ausschließliche*, die *absolute Realität*. Die alten Philosophen waren noch *Weltweise* – Physiologen, Politiker, Zoologen, kurz *Anthropologen*, nicht Theologen, wenigstens nur *teilweise* Theologen – freilich eben deswegen auch nur noch teilweise, darum beschränkte, mangelhafte Anthropologen. Den Neuplatonikern dagegen ist die Materie, die materielle, die wirkliche Welt überhaupt keine Instanz, keine Realität mehr. Vaterland, Familie, weltliche Bande und Güter überhaupt, welche die alte peripatetische Philosophie noch zur Seligkeit des Menschen rechnete – alles das ist nichts für den neuplatonischen Weisen. Er hält den Tod sogar für besser als das körperliche Leben; er rechnet den Leib nicht zu seinem Wesen; er versetzt die Seligkeit nur in die Seele, sich absondernd von allen körperlichen, kurz äußerlichen Dingen. Wo der Mensch aber nichts außer sich mehr hat, da sucht und findet *er alles in sich*, da setzt er an die Stelle der wirklichen Welt die imaginäre, die intelligible Welt, in der alles ist, was in der wirklichen, aber auf *abstrakte, vorgestellte Weise*. Selbst die Materie findet sich bei den Neuplatonikern in der immateriellen Welt, aber hier ist sie nur eine ideale, gedachte, imaginäre. Und wo der Mensch kein *Wesen außer sich* mehr hat, da setzt er sich in *Gedanken* ein Wesen, welches *als ein Gedankenwesen* doch zugleich die *Eigenschaften eines wirklichen Wesens* hat, *als unsinnliches zugleich ein sinnliches Wesen, als* ein *theoretisches Objekt* zugleich ein *praktisches* ist. Dieses Wesen ist *Gott* – das höchste Gut der Neuplatoniker. Nur im *Wesen* befriedigt sich der Mensch. Den Mangel des wirklichen Wesens ersetzt er sich daher durch ein ideales Wesen, d.h. er unterstellt jetzt das Wesen der aufgegebenen oder verlorenen Wirklichkeit seinen Vorstellungen und Gedanken – die Vorstellung ist ihm *keine* Vorstellung mehr, sondern der *Gegenstand* selbst, das Bild kein Bild mehr, sondern Sache selbst, der Gedanke, die Idee Realität. Eben weil er sich nicht mehr als Subjekt zu einer wirklichen Welt als sein Objekt verhält, so werden ihm dafür *seine Vorstellungen* zu *Objekten*, zu *Wesen*, zu *Geistern* und *Göttern*. Je abstrakter er ist, je negativer gegen das wirkliche Sinnliche, desto *sinnlicher* ist er *gerade im Abstrakten*. Gott, das eine – das höchste Objekt und Wesen der Abstraktion von aller Vielheit und Verschiedenheit, d.h. Sinnlichkeit – wird durch Berührung, durch unmittelbare Gegenwart (*parousia*) erkannt. Ja, wie das Niedrigste, die Materie, so wird auch das Höchste, das Eine durch *Nicht-wissen*, durch *Unwissenheit* gewußt. Das heißt: das nur gedachte, abstrakte, das *nicht-*, das *über*sinnliche Wesen ist zugleich ein wirklich seiendes, ein *sinnliches* Wesen.

Wie da, wo der Mensch sich entleibt, den Leib, diese *vernünftige Schranke* der Subjektivität negiert, er in eine phantastische, transzendente Praxis verfällt, mit *leiblichen* Gottes- und Geistererscheinungen umgeht, also den Unterschied zwischen Imagination und Anschauung *praktisch* aufhebt; so verliert sich auch *theoretisch der Unterschied zwischen Denken und Sein, Subjektiv und Objektiv, Sinnlich und Unsinnlich*, wo ihm die *Materie keine Realität* und *folglich keine Grenze* der denkenden Vernunft, wo ihm die Vernunft, das intellektuelle Wesen, *das Wesen der Subjektivität überhaupt in dieser seiner Unbeschränktheit* das *alleinige*, das *absolute Wesen* ist. Das Denken negiert alles, aber nur um alles zu setzen in sich. Es hat keine *Grenze mehr an etwas außer* ihm, aber dadurch tritt es *selbst außer seine immanente, seine natürliche Grenze*. So wird die Vernunft, die Idee *konkret*, d.h. das, was die *Anschauung geben soll, wird dem Denken zugeeignet, das, was die Funktion, die Sache des Sinns, der Empfindung, des Lebens* ist, zu einer Funktion, einer Sache des *Denkens*, d.h. das *Konkrete* zu einem *Prädikate des Gedankens*, das Sein zu einer bloßen *Gedankenbestimmtheit* gemacht; denn der Satz: *der Begriff ist konkret*, ist *Identisch mit dem Satz: das Sein ist eine Gedankenbestimmtheit*. Was in den Neuplatonikern Vorstellung, Phantasie ist, das hat Hegel nur in Begriffe verwandelt, rationalisiert. Hegel ist nicht der »deutsche oder christliche Aristoteles« – er ist der deutsche *Proklus*. Die »absolute Philosophie« ist die *wiedergeborene alexandrinische Philosophie*. Nach Hegels ausdrücklicher Bestimmung ist nicht die aristotelische, überhaupt altheidnische, sondern die alexandrinische Philosophie die absolute – die christliche, allerdings noch mit heidnischen Ingredienzen vermischte – Philosophie, aber noch im Elemente der Abstraktion von dem konkreten Selbstbewußtsein.

Bemerkt werde noch, daß die neuplatonische Theologie besonders deutlich zeigt, daß, wie das Objekt, so das Subjekt und umgekehrt, daß folglich das Objekt der Theologie nichts anderes ist, als das vergegenständlichte Wesen des Subjektes, des Menschen. Gott in höchster Potenz ist den Neuplatonikern das Einfache, Eine, schlechthin Unbestimmte und Unterschiedslose – kein Wesen, sondern über dem Wesen, denn das Wesen ist dadurch noch bestimmt, daß es Wesen ist; kein Begriff, kein Verstand, sondern ohne Verstand und über den Verstand, denn auch der Verstand ist dadurch bestimmt, daß er Verstand ist; und wo Verstand, da ist Unterscheidung, Entzweiung in Denkendes und Gedachtes, die folglich in dem schlechthin Einfachen nicht stattfinden kann. Aber was objektiv, das ist auch subjektiv dem Neuplatoniker das höchste Wesen; was er im Gegenstand, in Gott als Sein, das setzt er in sich als Tätigkeit, als Streben. Nicht mehr Unterschied, nicht mehr Verstand, nicht mehr Selbst sein ist und heißt Gott sein. Aber was Gott *ist*, bestrebt sich der Neuplatoniker zu *werden* – das Ziel seiner Tätigkeit ist, aufzuhören, »selbst zu sein, Verstand und Vernunft zu sein.« Ekstase, Entzückung ist dem Neuplatoniker der höchste psychologische Zustand des Menschen. Dieser Zustand, als Wesen vergegenständlicht, ist das göttliche Wesen. So kommt der Gott nur aus dem Menschen, aber nicht umgekehrt, wenigstens ursprünglich, der Mensch aus Gott. Dies zeigt sich besonders deutlich auch in der gleichfalls bei den Neuplatonikern vorkommenden Bestimmung Gottes als des nichts bedürftigen, des seligen Wesens. Denn worin anders als in den Schmerzen und Bedürfnissen des Menschen hat dieses schmerzen- und bedürfnislose Wesen seinen Grund und Ursprung? Mit der Not des Bedürfnisses und Schmerzes fällt auch die Vorstellung und Empfindung der Seligkeit. Nur im Gegensatze zur Unseligkeit ist die Seligkeit eine Realität. Nur im Elend des Menschen hat Gott seine Geburtsstätte. Nur aus dem Menschen nimmt Gott alle seine Bestimmungen, Gott *ist*, was der Mensch sein *will* – sein eigenes Wesen, sein eigenes Ziel, vorgestellt als wirkliches Wesen. Hierin liegt auch der Unterschied der Neuplatoniker von den Stoikern, Epikuräern und Skeptikern. Leidenschaftslosigkeit, Seligkeit, Bedürfnislosigkeit, Freiheit, Selbständigkeit

139

war auch das Ziel dieser Philosophen; aber nur als Tugend des Menschen, das heißt: es lag noch der *konkrete*, der *wirkliche Mensch als Wahrheit* zugrunde, die Freiheit und Seligkeit sollte diesem Substrat als Prädikat zukommen. Bei den Neuplatonikern aber wurde, obgleich auch die heidnische Tugend ihnen noch Wahrheit war – daher ihr Unterschied von der christlichen Theologie, welche die Seligkeit, Vollkommenheit und Gottgleichheit des Menschen ins Jenseits verlegte – dieses Prädikat zum Subjekt, ein Adjektivum des Menschen zum Substantiv, zu wirklichem Wesen. Aber eben dadurch wurde nun auch der wirkliche Mensch zu einem bloßen Abstraktum ohne Fleisch und Blut, zu einer allegorischen Figur des göttlichen Wesens. Plotin schämte sich, wenigstens nach dem Bericht seines Biographen, einen Körper zu haben.

§ 30.

Die Bestimmung, daß nur der »*konkrete*« Begriff, *der* Begriff, welcher die Natur des Wirklichen an sich trägt, der *wahre* Begriff ist, drückt die Anerkennung von der *Wahrheit* des Konkreten oder Wirklichen aus. Weil aber gleichwohl *von vornherein* der Begriff, d.i. *das Wesen des Denkens als das absolute, allein wahre Wesen vorausgesetzt* ist, so kann das Reale oder Wirkliche nur auf *indirekte* Weise, nur als das wesentliche und notwendige *Adjektivum* des Begriffes anerkannt werden. Hegel ist *Realist*, aber *pur idealistischer* oder vielmehr *abstrakter* Realist – Realist in der *Abstraktion von aller Realität*. Er *negiert* das Denken, nämlich das abstrakte Denken, aber *selbst wieder im abstrakten Denken*, so daß die Negation der Abstraktion selbst wieder eine Abstraktion ist. Nur »*was ist*«, hat die Philosophie nach ihm zum Objekt, aber dieses Ist ist selbst nur ein *abstraktes, gedachtes*. Hegel ist ein sich im Denken *überbietender* Denker – er will das *Ding selbst* ergreifen, aber im *Gedanken* des Dinges, *außer* dem Denken sein, aber *im Denken* selbst – daher die Schwierigkeit, den »konkreten« Begriff zu fassen.

§ 31.

Die Anerkennung des *Lichtes der Wirklichkeit* im *Dunkel der Abstraktion ist ein Widerspruch* – die Bejahung des Wirklichen in der Verneinung desselben. *Die neue Philosophie*, welche das *Konkrete nicht in*

abstracto, sondern *in concreto* – das Wirkliche *in seiner Wirklichkeit*,
also auf eine dem *Wesen des Wirklichen entsprechende Weise als das
Wahre* anerkennt und zum *Prinzip* und *Gegenstand* der Philosophie
erhebt, ist daher erst die *Wahrheit* der Hegelschen, die *Wahrheit der
neueren Philosophie überhaupt.*

Die historische Notwendigkeit oder Genesis der neuen Philosophie
aus der alten ergibt sich näher so. Der konkrete Begriff, die Idee ist
nach Hegel zunächst nur abstrakt, nur im Element des Denkens – der
rationalisierte Gott der Theologie *vor der Schöpfung der Welt.* Aber
wie Gott sich äußert, offenbart, verweltlicht, verwirklicht, so realisiert
sich die Idee – Hegel ist die in einen logischen Prozeß verwandelte
Geschichte der Theologie. Kommen wir aber einmal mit der Realisation
der Idee in das Reich des Realismus, ist die *Wahrheit* der Idee, daß
sie *wirklich* ist, daß sie *existiert*, so haben wir ja die *Existenz* zum *Kriterium der Wahrheit*: nur, was *wirklich*, ist *wahr*. Und es fragt sich
nur: was ist wirklich? das nur Gedachte? das, was nur Objekt des
Denkens, des Verstandes ist? Aber so kämen wir nicht aus der Idee in
abstracto heraus. Objekt des Denkens ist auch die platonische Idee;
innerliches Objekt auch das himmlische Jenseits – Objekt des Glaubens,
der Vorstellung. Ist die Realität des Gedankens die Realität *als gedachte*,
so ist die Realität des Gedankens selbst wieder nur der Gedanke, so
bleiben wir nur in der *Identität des Gedankens mit sich selbst*, im
Idealismus – ein Idealismus, der sich von dem subjektiven Idealismus
nur dadurch unterscheidet, daß er allen Inhalt der Wirklichkeit umfaßt
und zu einer Gedankenbestimmtheit macht. Ist es daher *wirklich Ernst*
mit der Realität des Gedankens oder der Idee, so muß, etwas *anderes*,
als er selbst ist, zu ihm hinzukommen, oder: er muß als *realisierter
Gedanke* ein *Anderes sein*, denn als *nicht realisierter*, als *bloßer Gedanke*
– Gegenstand nicht nur des Denkens, sondern auch des *Nicht*denkens.
Der Gedanke realisiert sich, heißt eben: er *negiert* sich, hört auf, bloßer
Gedanke zu sein. Was ist denn nun aber dieses Nichtdenken, dieses
vom Denken Unterschiedene? Das Sinnliche. Der Gedanke realisiert
sich, heißt demnach: er macht sich zum *Objekt des Sinnes*. Die *Realität
der Idee* ist also die *Sinnlichkeit*, aber die Realität die *Wahrheit* der
Idee – also die Sinnlichkeit erst die Wahrheit derselben. Aber gleichwohl haben wir so die Sinnlichkeit nur noch zu einem Prädikat, die
Idee oder den Gedanken zum Subjekt. Allein warum versinnbildlicht
sich denn die Idee? warum ist sie *nicht wahr*, wenn sie nicht real, d.i.

sinnlich ist? Wird denn nicht dadurch ihre Wahrheit von der Sinnlichkeit abhängig gemacht? nicht dem Sinnlichen *für sich selbst*, abgesehen davon, daß es die Realität der Idee ist, Bedeutung und Wert eingeräumt? Wenn die Sinnlichkeit für sich selbst nichts ist, wozu bedarf derselben die Idee? Wenn die Idee erst der Sinnlichkeit Wert und Gehalt gibt, so ist diese reiner Luxus, reiner Tand – nur eine Illusion, die sich der Gedanke vormacht. Aber so ist es nicht. An den Gedanken ergeht nur die Forderung, sich zu realisieren, zu versinnlichen, weil *unbewußt* dem Gedanken die Realität, die Sinnlichkeit *unabhängig* von dem Gedanken *als Wahrheit vorausgesetzt* ist. Der Gedanke bewährt sich durch die Sinnlichkeit; wie wäre dies möglich, wenn sie nicht *unbewußt* für Wahrheit gälte? Weil aber gleichwohl *bewußt* von der Wahrheit des Gedankens ausgegangen wird, so wird die Wahrheit der Sinnlichkeit erst hintendrein ausgesprochen, und die Sinnlichkeit nur zu einem Attribut der Idee gemacht, was aber ein Widerspruch ist; denn sie ist nur Attribut, und doch gibt sie erst dem Gedanken Wahrheit, ist also zugleich Hauptsache und Nebensache, zugleich Wesen und Akzidenz. Von diesem Widerspruch erlösen wir uns nur, wenn wir das Reale, das Sinnliche zum *Subjekt seiner selbst machen*, wenn wir demselben absolut selbständige, göttliche, primitive, nicht erst von der Idee abgeleitete Bedeutung geben.

§ 32.

Das Wirkliche *in seiner Wirklichkeit* oder *als Wirkliches* ist das Wirkliche als *Objekt des Sinnes*, ist das *Sinnliche. Wahrheit, Wirklichkeit, Sinnlichkeit* sind identisch. Nur ein sinnliches Wesen ist ein *wahres*, ein *wirkliches* Wesen. Nur durch die *Sinne* wird ein *Gegenstand im wahren Sinn* gegeben – nicht durch das Denken *für sich selbst*. Das mit dem *Denken gegebene* oder *identische Objekt ist nur Gedanke.*

Ein Objekt, ein wirkliches Objekt, wird mir nämlich nur da gegeben, wo mir ein auf mich wirkendes Wesen gegeben wird, wo meine Selbsttätigkeit – wenn ich vom Standpunkt des Denkens ausgehe – an der Tätigkeit eines anderen Wesens ihre *Grenze* – Widerstand findet. Der Begriff des Objektes ist ursprünglich gar nichts anderes als der Begriff eines *anderen Ich* – so faßt der Mensch in der Kindheit alle Dinge als freitätige, willkürliche Wesen auf – daher ist der Begriff des *Objektes* überhaupt vermittelt durch den Begriff des Du, des *gegenständ-*

lichen Ich. Nicht dem Ich, sondern dem Nicht-Ich in mir, um in der Sprache Fichtes zu reden, ist ein Objekt, d.i. anderes Ich gegeben; denn nur da, wo ich aus einem Ich in ein Du umgewandelt werde, wo ich leide, entsteht die Vorstellung einer *außer mir seienden* Aktivität, d.i. Objektivität. Aber nur durch den Sinn ist Ich *nicht* Ich.

Charakteristisch für die frühere abstrakte Philosophie ist die Frage: wie verschiedene selbständige Wesen, Substanzen aufeinander, z.B. der Körper auf die Seele, das Ich einwirken können? Diese Frage war aber für sie eine unauflösliche, weil von der Sinnlichkeit abstrahiert wurde, weil die Substanzen, die aufeinander einwirken sollten, abstrakte Wesen, pure Verstandeswesen waren. Das Geheimnis der Wechselwirkung löst nur die Sinnlichkeit. Nur sinnliche Wesen wirken aufeinander ein. Ich bin Ich – für mich – und zugleich Du – für anderes. Das bin ich aber nur als sinnliches Wesen. Der abstrakte Verstand jedoch isoliert dieses Fürsichsein als Substanz, Atom, Ich, Gott – er kann daher nur *willkürlich* das Sein für anderes damit verbinden; denn die *Notwendigkeit* dieser Verbindung ist allein die Sinnlichkeit, von welcher er aber abstrahiert. Was ich ohne Sinnlichkeit denke, denke ich ohne und außer alle Verbindung. Wie kann ich also das Unverbundene zugleich wieder als ein Verbundenes denken?

§ 33.

Die neue Philosophie betrachtet und berücksichtigt *das Sein*, wie es für uns ist, *nicht nur als denkende*, sondern als *wirklich seiende Wesen – das Sein also als Objekt des Seins* – als Objekt *seiner selbst*. Das Sein als Gegenstand des Seins – und nur *dieses* Sein ist erst Sein und verdient erst den Namen des Seins – ist das *Sein des Sinnes, der Anschauung, der Empfindung, der Liebe*. Das Sein ist also ein *Geheimnis* der Anschauung, der Empfindung, der Liebe.

Nur in der Empfindung, nur in der Liebe hat »*Dieses*« – diese Person, dieses Ding – d.h. das Einzelne, absoluten Wert, ist das *Endliche* das *Unendliche* – darin und nur darin allein besteht die unendliche Tiefe, Göttlichkeit und Wahrheit der Liebe. In der Liebe allein ist der Gott, der die Haare auf dem Haupte zählt, Wahrheit und Realität. Der christliche Gott ist selbst nur eine Abstraktion von der menschlichen Liebe, nur ein Bild derselben. Aber eben weil »*Dieses*« nur in der Liebe absoluten Wert hat, so erschließt sich auch in ihr nur, nicht im abstrakten Denken das Geheimnis des Seins. Die Liebe ist Leidenschaft, und nur die Leidenschaft ist das Wahrzeichen der Existenz. Nur was – sei es nun wirkliches oder mögliches – *Objekt der Leidenschaft, das ist.* Das empfindungs- und leidenschaftslose abstrakte Denken hebt den *Unterschied zwischen Sein und Nichtsein* auf, aber der Liebe ist dieser dem Gedanken verschwindende Unterschied eine Realität. Lieben heißt nichts anderes, als diesen Unterschied inne werden. Wer nichts liebt – der Gegenstand sei nun welcher es wolle – dem ist es völlig gleichgültig, ob etwas ist oder nicht ist. Aber wie mir nur durch die Liebe, durch die Empfindung überhaupt Sein im Unterschied vom Nichtsein, so ist mir auch nur durch sie ein *Objekt* im Unterschied von mir gegeben. Der Schmerz ist eine laute Protestation gegen die Identifikation des Subjektiven und Objektiven. Der Schmerz der Liebe ist, daß das *nicht* in der Wirklichkeit ist, was in der Vorstellung ist. Das Subjektive ist hier das Objektive, die Vorstellung der Gegenstand; aber das *soll* eben nicht sein, das ist ein Widerspruch, eine Unwahrheit, ein Unglück – daher das Verlangen nach der Herstellung des wahren Verhältnisses, wo das Subjektive und Objektive nicht identisch ist. Selbst der animalische Schmerz des Hungers besteht nur darin, daß nichts Gegenständliches im Magen, der Magen sich selbst gleichsam Objekt ist, die leeren Wände sich aneinander reiben, statt an einem Stoffe. Die menschlichen Empfindungen haben daher keine empirische, anthropologische Bedeutung im Sinne der alten transzendenten Philosophie, sie haben ontologische, *metaphysische* Bedeutung: in den Empfindungen, ja in den alltäglichen Empfindungen sind die tiefsten und höchsten Wahrheiten verborgen. So ist die Liebe der wahre *ontologische* Beweis vom Dasein eines Gegenstandes außer unserem Kopfe – und es gibt keinen anderen Beweis vom Sein als die Liebe, die Empfindung überhaupt. Das, dessen *Sein* Dir *Freude,* dessen *Nichtsein* Dir *Schmerz* bereitet, das nur *ist.* Der Unterschied zwischen Objekt und Subjekt, zwischen Sein und Nichtsein ist ein ebenso *erfreulicher* als *schmerzlicher* Unterschied.

146

§ 34.

Die neue Philosophie stützt sich auf die *Wahrheit der Liebe,* die *Wahrheit der Empfindung.* In der Liebe, in der Empfindung überhaupt *gesteht jeder Mensch die Wahrheit der neuen Philosophie ein.* Die neue Philosophie ist in Beziehung auf ihre Basis selbst nichts anderes als das zum *Bewußtsein erhobene Wesen der Empfindung* – sie *bejaht* nur *in und mit der Vernunft*, was *jeder Mensch* – *der* wirklicher Mensch – *im Herzen bekennt*. Sie ist das zu Verstand gebrachte Herz. Das Herz will keine abstrakten, keine metaphysischen oder theologischen – es will *wirkliche*, es will *sinnliche Gegenstände und Wesen*.

§ 35.

Wenn die *alte* Philosophie sagte: was *nicht gedacht* ist, *das ist nicht*; so sagt dagegen die *neue* Philosophie: was nicht geliebt wird, *nicht geliebt werden kann, das ist nicht*. Was aber nicht geliebt werden kann, das kann auch nicht angebetet werden. Nur was *Objekt der Religion* sein kann, das ist Objekt der Philosophie.

Wie aber objektiv, so ist auch subjektiv die Liebe das Kriterium des Seins – das Kriterium der Wahrheit und Wirklichkeit. *Wo keine Liebe, ist auch keine Wahrheit.* Und nur der *ist etwas*, der *etwas liebt* – *Nichts sein* und *Nichts lieben* ist identisch. Je mehr einer ist, desto mehr liebt er und umgekehrt.

147

§ 36.

Wenn die *alte Philosophie* zu ihrem Ausgangspunkt den Satz hatte: *Ich bin ein abstraktes, ein nur denkendes Wesen, der Leib gehört nicht zu meinem Wesen*; so beginnt dagegen die neue Philosophie mit dem Satze: *Ich bin ein wirkliches, ein sinnliches Wesen: der Leib gehört zu meinem Wesen; ja der Leib in seiner Totalität ist mein Ich, mein Wesen selber*. Der alte Philosoph dachte daher in *einem fortwährenden Widerspruch* und *Hader mit den Sinnen*, um die sinnlichen Vorstellungen abzuwehren, die abstrakten Begriffe nicht zu verunreinigen; der neue Philosoph dagegen denkt *im Einklang und Frieden mit den Sinnen*. Die alte Philosophie gestand die Wahrheit der Sinnlichkeit ein – selbst im Begriffe Gottes, welcher das Sein in sich begreift, denn dieses Sein sollte doch zugleich wieder *ein vom Gedachtsein unterschiedenes Sein*, ein Sein *außer dem Geiste, außer dem Denken, ein wirklich objektives*, *d.i. sinnliches* Sein sein – aber *nur versteckt*, nur *in abstracto*, nur *unbewußt* und *widerwillig*, nur weil sie *mußte* – die *neue* Philosophie dagegen anerkennt die *Wahrheit* der Sinnlichkeit *mit Freuden, mit Bewußtsein* – sie ist die *offenherzig sinnliche* Philosophie.

§ 37.

Die neuere Philosophie suchte etwas *unmittelbar Gewisses*. Sie verwarf daher das *grund-* und *bodenlose* Denken der Scholastik, gründete die Philosophie auf das *Selbstbewußtsein*, d.h. sie setzte an Stelle des *nur gedachten* Wesens, an die Stelle Gottes, des obersten, letzten Wesens aller scholastischen Philosophie – das *denkende* Wesen, das *Ich*, den *selbstbewußten Geist*; denn das Denkende ist dem Denkenden *unendlich näher, gegenwärtiger, gewisser*, als das *Gedachte*. Bezweifelbar ist die Existenz Gottes, bezweifelbar überhaupt das, was ich denke; aber unbezweifelbar ist, daß ich bin, ich, der ich denke, der ich zweifle. Allein das Selbstbewußtsein der neueren Philosophie ist selbst *wieder nur ein gedachtes, durch Abstraktion vermitteltes, also bezweifelbares Wesen*. *Unbezweifelbar, unmittelbar gewiß* ist nur, was *Objekt des Sinnes, der Anschauung, der Empfindung* ist.

§ 38.

Wahr und *göttlich* ist nur, was *keines Beweises bedarf*, was *unmittelbar durch sich selbst gewiß* ist, *unmittelbar für sich spricht und einnimmt*, unmittelbar die Affirmation, daß es ist, nach sich zieht – das *schlechthin Entschiedene, schlechthin Unzweifelhafte, das Sonnenklare*. Aber sonnenklar ist nur das Sinnliche; nur wo die *Sinnlichkeit anfängt, hört aller Zweifel und Streit auf*. Das Geheimnis des *unmittelbaren* Wissens ist die *Sinnlichkeit*.

Alles ist vermittelt, sagt die Hegelsche Philosophie. Aber *wahr* ist etwas nur, wenn es nicht mehr ein Vermitteltes, sondern Unmittelbares ist. Geschichtliche Epochen entstehen darum nur da, wo, was früher nur ein Gedachtes, Vermitteltes war, Objekt unmittelbarer, sinnlicher Gewißheit – *Wahrheit* darum wird, was früher nur Gedanke war. Scholastik ist es, die Vermittlung zu einer göttlichen Notwendigkeit und wesentlichen Eigenschaft der Wahrheit zu machen. Ihre Notwendigkeit ist nur eine bedingte; sie ist nur da notwendig, wo noch eine *falsche Voraussetzung* zugrunde liegt, wo eine Wahrheit, eine Lehre auftritt im Widerspruch mit einer Lehre, die auch noch für wahr gilt, noch respektiert wird. Die *sich vermittelnde* Wahrheit ist die noch *mit ihrem Gegensatz behaftete* Wahrheit. Mit dem Gegensatz wird begonnen; er wird aber hernach aufgehoben. Wenn er nun aber ein Aufzuhebendes, ein zu Negierendes ist, warum soll ich mit ihm, warum nicht gleich mit seiner Negation beginnen? Ein Beispiel. Gott als Gott ist ein abstraktes Wesen; er besondert, bestimmt, realisiert sich zur Welt, zum Menschen; so ist er konkret, so erst das abstrakte Wesen negiert. Aber warum soll ich denn nicht gleich mit dem Konkreten beginnen? Warum soll denn das *durch sich selbst* Gewisse und Bewährte nicht höher sein, als das durch die Nichtigkeit seines Gegenteils Gewisse? Wer kann also die Vermittlung zur Notwendigkeit, zum Gesetz der Wahrheit erheben? Nur der, welcher selbst noch befangen ist in dem zu Negierenden, welcher *noch mit sich kämpft und streitet*, noch *nicht vollkommen mit sich im Reinen* ist – kurz nur der, in welchem eine Wahrheit nur noch Talent – Sache eines besonderen, wenn auch eminenten Vermögens – nicht Genie – Sache des ganzen Menschen ist. Genie ist unmittelbares, sinnliches Wissen. Was das Talent nur im Kopfe, das hat das Genie im Fleisch und Blut, d.h. eben: was für das Talent nur noch ein Objekt des Denkens, ist für das Genie ein Objekt des Sinnes.

§ 39.

Die alte absolute Philosophie hat die *Sinne* nur in *das Gebiet der Erscheinung*, der *Endlichkeit verstoßen*, und doch hat sie im *Widerspruch* damit das *Absolute*, das *Göttliche* als den *Gegenstand der Kunst* bestimmt. Aber der *Gegenstand der Kunst* ist – mittelbar in der redenden, unmittelbar in der bildenden Kunst – *Gegenstand des Gesichtes*, des *Gehörs*, des *Gefühls*. Also ist *nicht nur das Endliche*, das *Erscheinende*, sondern auch das *wahre, göttliche Wesen Gegenstand der Sinne* – der *Sinn Organ des Absoluten*. Die Kunst »stellt die Wahrheit *im* Sinnlichen dar« – das heißt, richtig erfaßt und ausgedrückt: *die Kunst stellt die Wahrheit des Sinnlichen dar.*

150

§ 40.

Wie mit der Kunst, ist es mit der *Religion*. Die *sinnliche Anschauung*, nicht die Vorstellung, ist das *Wesen der christlichen Religion* – die Form, das *Organ* des *höchsten*, des *göttlichen Wesens*. Wo aber die sinnliche Anschauung für das *Organ* des *göttlichen*, des *wahren Wesens* gilt, da wird das *göttliche Wesen als ein sinnliches, das sinnliche als das göttliche Wesen ausgesprochen und anerkannt,* denn *wie das Subjekt, so das Objekt.*

»Und das Wort ward Fleisch und wohnte unter uns, und wir *sahen* seine Herrlichkeit.« Nur für die Späteren ist der Gegenstand der christlichen Religion ein Objekt der Vorstellung und Phantasie; aber die ursprüngliche Anschauung wird wieder hergestellt. Im Himmel ist Christus, ist Gott Objekt der *unmittelbaren,* der *sinnlichen* Anschauung; dort wird er aus einem *Gegenstand der Vorstellung, des Gedankens,* also aus *einem geistigen Wesen,* was er hier für uns ist, ein *sinnliches,* ein *fühlbares, sichtbares Wesen.* Und diese Anschauung ist, wie der Anfang, so das Ziel – also das Wesen des Christentums. Die spekulative Philosophie hat daher die Kunst und Religion nicht im wahren Licht, im Licht der Wirklichkeit, sondern nur im Zwielicht der Reflexion erfaßt und dargestellt, indem sie infolge ihres Prinzips, welches die Abstraktion von der Sinnlichkeit ist, die Sinnlichkeit nur zu einer Formbestimmtheit derselben verflüchtete: die Kunst ist Gott *in* der Formbestimmtheit der sinnlichen Anschauung, die Religion Gott *in* der der Vorstellung. Aber in der Wahrheit ist das gerade das Wesen, was der Reflexion nur als die Form erscheint. Wo Gott *im* Feuer erscheint und angebetet wird, da wird in Wahrheit das Feuer als Gott angebetet. Der Gott *im* Feuer ist nichts anderes, als das – den Menschen ob seiner Wirkungen und Eigenschaften frappierende – *Wesen* des Feuers, der Gott *im Menschen* nichts anderes, *als das Wesen des Menschen.* Und ebenso ist das, was die Kunst in der Form der Sinnlichkeit darstellt, nichts anderes, als das von *dieser Form unabtrennbare, eigene Wesen der Sinnlichkeit.*

§ 41.

Den *Sinnen* sind nicht nur »*äußerliche*« Dinge Gegenstand. Der *Mensch* wird *sich selbst nur durch den Sinn gegeben* – er ist sich selbst als Sinnenobjekt Gegenstand. Die *Identität* von *Subjekt und Objekt,* im *Selbstbewußtsein nur abstrakter Gedanke,* ist *Wahrheit* und *Wirklichkeit* nur in der *sinnlichen Anschauung des Menschen vom Menschen.*

Wir fühlen nicht nur Steine und Hölzer, nicht nur Fleisch und Knochen, wir fühlen auch Gefühle, indem wir die Hände oder Lippen eines fühlenden Wesens drücken; wir vernehmen durch die Ohren nicht nur das Rauschen des Wassers und das Säuseln der Blätter, sondern auch die seelenvolle Stimme der Liebe und Weisheit; wir sehen nicht nur Spiegelflächen und Farbengespenster, wir blicken auch in 152 den Blick des Menschen. Nicht nur Äußerliches also, auch *Innerliches*, nicht nur Fleisch, auch *Geist*, nicht nur das Ding, auch das *Ich* ist Gegenstand der Sinne. – Alles ist darum sinnlich wahrnehmbar, wenn auch nicht unmittelbar, doch mittelbar, wenn auch nicht mit den pöbelhaften, rohen, doch mit den gebildeten Sinnen, wenn auch nicht mit den Augen des Anatomen oder Chemikers, doch mit den Augen des Philosophen. Mit Recht leitet daher auch der Empirismus den Ursprung unserer Ideen von den Sinnen ab; nur vergißt er, daß das wichtigste, wesentlichste Sinnenobjekt des Menschen der *Mensch selbst* ist, daß nur im Blick des Menschen in den Menschen das Licht des Bewußtseins und Verstandes sich entzündet. Der Idealismus hat daher recht, wenn er im Menschen den Ursprung der Ideen sucht, aber unrecht, wenn er sie aus dem isolierten, als für sich seiendem Wesen, als Seele fixierten Menschen, mit einem Worte: aus dem Ich ohne ein sinnlich gegebenes Du ableiten will. Nur durch Mitteilung, nur aus der Konversation des Menschen mit dem Menschen entspringen die Ideen. Nicht allein, nur selbander kommt man zu Begriffen, zur Vernunft überhaupt. Zwei Menschen gehören zur Erzeugung des Menschen – des geistigen so gut wie des physischen: die Gemeinschaft des Menschen mit dem Menschen ist das erste Prinzip und Kriterium der Wahrheit und Allgemeinheit. Die Gewißheit selbst von dem Dasein anderer Dinge außer mir ist für mich vermittelt durch die Gewißheit von dem Dasein eines anderen Menschen außer mir. Was ich allein sehe, daran zweifle ich, was der andere auch sieht, das erst ist gewiß.

§ 42.

Die Unterschiede zwischen *Wesen* und *Schein*, *Grund* und *Folge*, *Substanz* und *Akzidenz*, *Notwendig* und *Zufällig*, *Spekulativ* und *Empirisch* 153 begründen *nicht zwei Reiche* oder *Welten* – eine *übersinnliche*, welcher das *Wesen*, und eine *sinnliche Welt*, welcher der *Schein* angehört, sondern diese *Unterschiede fallen innerhalb des Gebietes der Sinnlichkeit selbst.*

Ein Beispiel aus den Naturwissenschaften. In dem Linnéschen Pflanzensystem werden die ersten Klassen nach der Zahl der Staubfäden bestimmt. Aber schon in der elften Klasse, wo 12–20 Staubgefäße vorkommen, noch mehr aber in der Klasse der Zwanzigmännigkeit und der Vielmännigkeit wird die Zahlbestimmtheit gleichgültig; es wird nicht mehr gezählt. Hier haben wir daher auf dem einen und demselben Gebiet vor unseren Augen den Unterschied zwischen bestimmter und unbestimmter, notwendiger und gleichgültiger, rationeller und irrationeller Vielheit. Wir brauchen also *nicht über die Sinnlichkeit* hinauszugehen, um an die *Grenze des nur Sinnlichen*, nur *Empirischen* im *Sinne der absoluten Philosophie* zu kommen; wir dürfen nur *nicht den Verstand von den Sinnen abtrennen*, um das *übersinnliche*, d.i. Geist und Vernunft *im Sinnlichen* zu finden.

§ 43.

Das *Sinnliche* ist *nicht* das *Unmittelbare* im Sinn der spekulativen Philosophie, *in dem Sinn*, daß es das *Profane*, das *auf platter Hand Liegende*, das *Gedankenlose*, das *sich von selbst Verstehende* sei. Die unmittelbare, sinnliche Anschauung ist vielmehr *später* als die Vorstellung und Phantasie. Die *erste* Anschauung des Menschen ist selber nur die *Anschauung der Vorstellung und Phantasie*. Die Aufgabe der Philosophie, der Wissenschaft überhaupt besteht daher *nicht* darin, von den *sinnlichen*, d.i. wirklichen Dingen *weg*, sondern *zu ihnen hin zu kommen* – nicht darin, die *Gegenstände in Gedanken* und *Vorstellungen* zu verwandeln, sondern darin, das den *gemeinen Augen Unsichtbare sichtbar*, d.i. *gegenständlich* zu machen.

Die Menschen sehen zuerst die Dinge nur so, *wie sie ihnen erscheinen*, nicht, wie sie sind, sehen in den Dingen nicht sie selbst, sondern nur ihre Einbildungen von ihnen, legen ihr eigenes Wesen, in sie hinein, unterscheiden nicht den Gegenstand und die Vorstellung von ihm. Die Vorstellung liegt dem ungebildeten, subjektiven Menschen *näher* als die *Anschauung*, denn in der Anschauung wird er *aus sich* herausgerissen; in der Vorstellung *bleibt er bei sich*. Aber wie mit der Vorstellung, ist es mit dem Gedanken. Eher und weit länger beschäftigen sich die Menschen mit den himmlischen, göttlichen, als mit den irdischen, menschlichen Dingen, d.h. eher und weit länger mit den *in den Gedanken übersetzten* Dingen, als mit den *Dingen im Original*, in der *Ursprache*. Erst in neuerer Zeit ist die Menschheit wieder, wie einst in Griechenland nach Vorausgang der orientalischen Traumwelt, zur *sinnlichen*, d.i. *unverfälschten, objektiven* Anschauung des Sinnlichen, d.i. Wirkli-

154

chen, aber eben damit auch erst *zu sich selbst* gekommen; denn ein Mensch, der sich nur mit dem Wesen der Einbildung oder des abstrakten Gedankens abgibt, ist selbst nur ein abstraktes oder phantastisches, kein *wirkliches*, kein wahrhaft menschliches Wesen. Die Realität des Menschen hängt nur von der Realität seines Gegenstandes ab. *Hast* Du nichts, so *bist* Du nichts.

§ 44.

Raum und *Zeit* sind *keine bloßen Erscheinungsformen* – sie sind *Wesensbedingungen, Vernunftformen, Gesetze des Seins, wie des Denkens.*

155

Dasein ist das erste Sein, das erste Bestimmtsein. *Hier* bin ich – das ist das erste Zeichen eines *wirklichen, lebendigen* Wesens. Der Zeigefinger ist der Wegweiser vom Nichts zum Sein. Hier ist die erste Grenze, die erste Scheidung. *Hier* bin ich, dort Du; wir sind außer einander; darum können wir beide sein, ohne uns zu beeinträchtigen; es ist Platz genug. Die Sonne ist nicht da, wo der Merkur, der Merkur nicht da, wo die Venus, das Auge nicht da, wo das Ohr usw. Wo kein Raum, da hat auch *kein System* Platz. Die *Ortsbestimmung* ist die *erste Vernunftbestimmung*, auf der jede weitere Bestimmung Fuß faßt. Mit der Verteilung an verschiedene Orte – aber mit dem Raume sind unmittelbar verschiedene Orte gesetzt – beginnt die organisierende Natur. Nur im Raume orientiert sich die Vernunft. Wo bin ich? ist die Frage des erwachenden Bewußtseins, die erste Frage der Lebensweisheit. Beschränkung in Raum und Zeit ist die erste Tugend, die Ortsdifferenz die erste Differenz des Schicklichen vom Unschicklichen, die wir dem Kinde, dem rohen Menschen beibringen. Dem rohen Menschen ist der Ort gleichgültig, er tut alles an jedem Ort ohne Unterschied; der Narr desgleichen. Narren kommen darum zu Vernunft, wenn sie sich wieder an Zeit und Ort binden. Verschiedenes an verschiedene Orte zu stellen, räumlich zu scheiden, was qualitativ verschieden, das ist Bedingung jeder Ökonomie, selbst der geistigen. Nicht in den Text zu setzen, was in die Anmerkung, nicht an den Anfang, was erst an das Ende gehört, kurz räumliche Sonderung und Begrenzung gehört auch zur Weisheit des Schriftstellers.

Allerdings ist hier immer die Rede von einem bestimmten Ort, aber es kommt hier doch nichts weiter in Betracht als die Ortsbestimmtheit. Und ich kann nicht vom Raum den Ort absondern, wenn ich den

156

Raum in seiner *Wirklichkeit* erfassen will. Mit dem Wo entsteht mir erst der Begriff des Raumes. Wo? ist allgemein, gilt von jedem Ort ohne Unterschied, und doch ist Wo bestimmt. Mit diesem Wo ist zugleich jenes Wo, mit der Bestimmtheit des Ortes daher zugleich die Allgemeinheit des Raumes gesetzt; aber eben deswegen ist der allgemeine Begriff des Raumes nur in der Verbindung mit der Bestimmtheit des Ortes ein realer, konkreter Begriff. Hegel gibt dem Raume, wie überhaupt der Natur nur eine *negative* Bestimmung. Allein Hiersein ist positiv. Ich bin *nicht* dort, *weil* ich *hier bin* – dieses Nichtdortsein ist also nur eine Folge von dem positiven, ausdrucksvollen Hiersein. Es ist nur eine Schranke für Deine Vorstellung, aber keine Schranke an sich, daß Hier nicht Dort, daß Eines außer dem Anderen ist. Es ist ein Außereinander, das *sein soll*, das der *Vernunft* nicht wider-, sondern *entspricht*. Bei Hegel aber ist dieses Außereinandersein eine negative Bestimmung, weil es das Außereinander dessen ist, was *nicht* außer einander *sein soll* – weil der logische Begriff, als die absolute Identität mit sich, für die Wahrheit gilt – der Raum geradezu die *Negation* der Idee, der Vernunft, in welche daher auch nur dadurch wieder Vernunft gebracht werden kann, daß sie *negiert* wird. Allein geschweige, daß der Raum die Negation der Vernunft ist – im Raum wird vielmehr der Idee, der Vernunft nur Platz gemacht, der Raum ist die erste Sphäre der Vernunft. Wo kein räumliches Auseinander, ist auch kein logisches. Oder umgekehrt: – wenn wir, wie Hegel, von der Logik aus zum Raum übergehen wollen – wo kein Unterschied, ist auch kein Raum. Die Unterschiede im Denken müssen verwirklicht werden als Unterschiedene; Unterschiedene treten aber räumlich außereinander. Das räumliche Außereinandersein ist daher erst die *Wahrheit* der logischen Unterschiede. Aber was außereinander ist, das kann auch nur nacheinander gedacht werden. *Wirkliches* Denken ist Denken in Raum und Zeit. Die Negation von Raum und Zeit (Zeitlänge) fällt immer *innerhalb* des Raumes und der Zeit selbst. Wir wollen nur Raum und Zeit sparen, um *Raum* und *Zeit* zu *gewinnen*.

§ 45.

Die Dinge dürfen nicht anders gedacht werden, als wie sie in der *Wirklichkeit vorkommen*. Was *in der Wirklichkeit getrennt* ist, soll auch *im Gedanken nicht identisch sein*. Die *Ausnahme* des Denkens, der

Idee – der Intellektualwelt bei den Neuplatonikern – von den *Gesetzen der Wirklichkeit* ist das *Privilegium theologischer Willkür*. Die *Gesetze der Wirklichkeit* sind auch *Gesetze des Denkens*.

§ 46

Die unmittelbare Einheit entgegengesetzter Bestimmungen ist nur in der *Abstraktion möglich* und *gültig*. In der *Wirklichkeit* sind die *Gegensätze* stets nur durch einen Terminus medius verbunden. Dieser Terminus medius ist *der Gegenstand*, das *Subjekt* der Gegensätze.

Es ist daher nichts leichter, als die Einheit entgegengesetzter Prädikate aufzuzeigen; man braucht nur von dem Gegenstand oder Subjekt derselben zu abstrahieren. Mit dem Gegenstand schwindet die Grenze zwischen den Gegensätzen; sie sind nun boden- und haltlos, fallen also unmittelbar zusammen. Betrachte ich z.B. das Sein nur in abstracto, abstrahiere ich von aller Bestimmtheit, die ist, so habe ich natürlich Sein gleich Nichts. Der Unterschied, die Grenze zwischen Sein und Nichts ist ja allein die Bestimmtheit. Wenn ich *das, was* ist, weglasse, was ist noch dieses bloße Ist? Aber was von *diesem* Gegensatz und seiner Identität, gilt auch von der Identität der übrigen Gegensätze in der spekulativen Philosophie.

§ 47.

Das Mittel, *entgegengesetzte* oder *widersprechende Bestimmungen* auf eine der Wirklichkeit entsprechende Weise in einem und demselben Wesen zu *vereinigen*, ist nur – die *Zeit*.

So ist es wenigstens in lebendigen Wesen. So nur kommt hier z.B. im Menschen der Widerspruch zum Vorschein, daß jetzt diese Bestimmung – diese Empfindung, dieser Vorsatz – jetzt eine andere, eine geradezu entgegengesetzte Bestimmung mich erfüllt und beherrscht. Nur da, wo eine Vorstellung die andere, eine Empfindung die andere verdrängt, wo es zu keiner Entscheidung, keiner bleibenden Bestimmtheit kommt, die Seele sich in einem fortwährenden Wechsel entgegengesetzter Zustände befindet, nur da befindet sie sich in der Höllenpein des Widerspruches. Würde ich die entgegengesetzten Bestimmungen zugleich in mir vereinigen, so würden sie sich neutralisieren, abstumpfen, gleichwie die Gegensätze des chemischen Prozesses, welche zugleich da sind, ihre Differenz in einem neutralen Produkt verlieren. Aber eben gerade darin besteht der Schmerz des Widerspruches, daß ich jetzt mit Leidenschaft will und bin, was ich den nächsten Augenblick darauf eben so energisch nicht will und nicht bin, daß Position und Negation aufeinanderfolgen, beide Gegensätze, *aber jeder mit Ausschluß des anderen*, jeder also in seiner vollen Bestimmtheit und Schärfe mich affiziert.

§ 48.

Das *Wirkliche* ist im *Denken nicht in ganzen Zahlen*, sondern nur in *Brüchen darstellbar*. Diese Differenz ist eine *normale* – sie beruht auf der Natur des Denkens, dessen Wesen die Allgemeinheit ist, im Unterschied von der Wirklichkeit, deren Wesen die Individualität. Daß aber diese Differenz *nicht zu einem förmlichen Widerspruch* zwischen dem *Gedachten* und dem *Wirklichen* kommt, dies wird nur dadurch verhindert, daß das Denken *nicht in gerader Linie, in der Identität mit sich fortläuft, sondern sich durch die sinnliche Anschauung unterbricht.* Nur das durch die *sinnliche Anschauung* sich *bestimmende* und *rektifizierende* Denken ist *reales, objektives* Denken – Denken *objektiver Wahrheit*.

Es ist das Wichtigste, zu erkennen, daß das absolute, d.h. das isolierte, von der Sinnlichkeit abgesonderte Denken *nicht über die formale Identität – die Identität des Denkens mit sich selbst –* hinauskommt; denn wenn gleich das Denken oder der Begriff bestimmt wird als die Einheit entgegengesetzter Bestimmungen, so sind doch diese Bestimmungen selbst wieder nur Abstraktionen, Gedankenbestimmungen – also immer wieder Identitäten des Denkens mit sich, nur Multipla *der* Identität, von welcher als der absoluten Wahrheit ausgegangen wird. Das andere, was sich die Idee gegenübersetzt, ist als ein von ihr Gesetztes, nicht wahrhaft, realiter von ihr unterschieden, nicht außer die Idee entlassen, höchstens nur pro forma, zum Scheine, um ihre Liberalität zu zeigen; denn dieses *andere* der Idee ist selbst *wieder die Idee*, nur noch nicht in der Form der Idee, noch nicht gesetzt, verwirklicht als Idee. So bringt es das Denken *für sich selbst allein* zu keinem *positiven Unterschied* und *Gegensatz von sich*, hat aber eben deswegen auch kein anderes Kriterium der Wahrheit, als daß etwas nicht der Idee, nicht dem Denken widerspricht – also ein nur formales, subjektives Kriterium, welches nicht darüber entscheidet, ob die gedachte Wahrheit auch eine wirkliche Wahrheit ist. Das Kriterium, welches hierüber entscheidet, ist einzig die *Anschauung*. Audiatur *et altera pars*. Aber eben die sinnliche Anschauung ist die *Gegenpartei* des Denkens. Die Anschauung nimmt die Dinge in einem *weiten*, das Denken im *engsten* Sinne; die Anschauung läßt die Dinge in ihrer *unbeschränkten Freiheit*, das Denken gibt ihnen *Gesetze*, aber sie sind nur zu oft *despotische*; die Anschauung *klärt* den Kopf *auf*, aber *bestimmt* und *entscheidet nichts*; das Denken *determiniert*, aber *borniert* auch oft den Kopf; die Anschauung für sich hat *keine Grundsätze*, das Denken für sich *kein Leben*; die *Regel* ist die *Sache des Denkens*; die *Ausnahme* von der Regel die *Sache der Anschauung*. Wie daher nur die durch das Denken determinierte Anschauung die wahre ist, so ist auch umgekehrt nur das durch die Anschauung *erweiterte und aufgeschlossene* Denken das wahre, dem Wesen der Wirklichkeit entsprechende Denken. Das mit sich identische, kontinuierliche Denken läßt im *Widerspruch mit der Wirklichkeit* die Welt sich *im Kreise* um ihren Mittelpunkt drehen; aber das durch die Beobachtung von der Ungleichförmigkeit dieser Bewegung, also durch die *Anomalie* der Anschauung *unterbrochene* Denken verwandelt der Wahrheit gemäß diesen Kreis in eine *Ellipse*. Der *Kreis* ist das Symbol, das Wappen der *spekulativen* Philosophie, des nur *auf sich selbst sich* stützenden Denkens – auch die Hegelsche Philosophie ist bekanntlich ein Kreis von Kreisen, ob sie gleich in Beziehung auf die Planeten, aber nur durch die Empirie hierzu bestimmt, die Kreisbahn für »die Bahn einer *schlecht gleichförmigen* Bewegung« erklärt, – die *Ellipse* dagegen ist das Symbol, das Wappen der *sinnlichen* Philosophie, des auf die *Anschauung* sich stützenden Denkens.

§ 49.

Die, *wirkliche* Erkenntnis gewährenden Bestimmungen sind immer nur *die*, welche den *Gegenstand durch den Gegenstand selbst bestimmen* – *seine eigenen, individuellen* Bestimmungen – also *nicht allgemeine*, wie die *logisch-metaphysischen* Bestimmungen sind, welche *keinen Gegenstand bestimmen*, weil sie sich auf *alle Gegenstände ohne Unterschied* erstrecken.

Ganz richtig hat daher Hegel die logisch-metaphysischen Bestimmungen von Gegenständen in selbständige Bestimmungen – Selbstbestimmungen des Begriffs – verwandelt, sie aus Prädikaten, was sie in der alten Metaphysik waren, zu Subjekten gemacht, und dadurch der Metaphysik oder Logik die Bedeutung des selbstgenügsamen, göttlichen Wissens gegeben. Aber ein Widerspruch ist es, daß dann doch wieder in den konkreten Wissenschaften, gerade wie in der alten Metaphysik, diese logisch-metaphysischen Schatten zu Bestimmungen der wirklichen Dinge gemacht werden, was natürlich nur dadurch möglich ist, daß entweder mit den logisch-metaphysischen Bestimmungen immer zugleich konkrete, aus dem Gegenstand selbst geschöpfte, darum treffende Bestimmungen verbunden werden, oder der Gegenstand auf ganz *abstrakte* Bestimmungen, in welchen er gar *nicht mehr erkenntlich* ist, reduziert wird.

§ 50.

Das Wirkliche in seiner Wirklichkeit und Totalität, der *Gegenstand* der *neuen* Philosophie, ist auch nur einem *wirklichen* und *ganzen* Wesen Gegenstand. Die neue Philosophie hat daher zu ihrem *Erkenntnisprinzip*, zu ihrem *Subjekt nicht das Ich, nicht den absoluten*, d.i. abstrakten Geist, kurz *nicht die Vernunft in abstracto*, sondern das *wirkliche und ganze Wesen des Menschen*. Die *Realität*, das *Subjekt* der *Vernunft* ist nur der *Mensch*. Der *Mensch* denkt, nicht das Ich, nicht die Vernunft. Die neue Philosophie stützt sich also nicht auf die Gottheit, d.i. Wahrheit der Vernunft allein für sich, sie stützt sich auf die *Gottheit, d.i. Wahrheit des ganzen Menschen*. Oder: sie stützt sich wohl auch auf die Vernunft, aber auf die Vernunft, deren *Wesen* das *menschliche Wesen*, also *nicht* auf eine *wesen-, farb- und namenlose* Vernunft, sondern auf die mit dem *Blute des Menschen getränkte* Vernunft. Wenn daher die alte Philosophie sagte: nur *das Vernünftige ist das Wahre* und *Wirkliche*, so sagt dagegen die neue Philosophie: nur das *Menschliche ist das Wahre* und *Wirkliche*; denn das Menschliche nur ist das Vernünftige; *der Mensch das Maß der Vernunft.*

§ 51.

Die *Einheit* von *Denken* und *Sein* hat nur *Sinn* und *Wahrheit*, wenn der *Mensch* als der *Grund*, das *Subjekt dieser Einheit* gefaßt wird. Nur ein *reales Wesen* erkennt *reale Dinge*; nur wo das Denken nicht *Subjekt für sich selbst*, sondern *Prädikat* eines *wirklichen* Wesens ist, nur da ist auch der *Gedanke nicht vom Sein getrennt.* Die Einheit von Denken und Sein ist daher *keine formelle,* so daß dem *Denken an* und *für sich* das *Sein als eine Bestimmtheit* zukäme; sie hängt nur ab von dem *Gegenstand,* dem *Inhalt* des Denkens.

Hieraus ergibt sich folgender kategorischer Imperativ. Wolle nicht 163 Philosoph sein *im Unterschied vom Menschen,* sei nichts weiter als ein *denkender Mensch*; denke nicht *als Denker,* d.h. in einer aus der *Totalität* des wirklichen Menschenwesens *herausgerissenen* und *für sich isolierten Fakultät*; denke *als lebendiges, wirkliches* Wesen, als welches Du den belebenden und erfrischenden Wogen des Weltmeeres ausgesetzt bist; denke *in der* Existenz, *in der* Welt als ein Mitglied derselben, nicht im Vacuum der Abstraktion, als eine vereinzelte Monade, als ein absoluter Monarch, als ein teilnahmsloser, außerweltlicher Gott – dann kannst Du darauf rechnen, daß Deine Gedanken Einheiten sind von Sein und Denken. Wie sollte das Denken als Tätigkeit eines wirklichen Wesens nicht die wirklichen Dinge und Wesen erfassen? Nur, wenn man das Denken vom Menschen absondert, für sich selbst fixiert, entstehen die peinlichen, unfruchtbaren und für diesen Standpunkt unauflöslichen Fragen: wie das Denken zum Sein, zum Objekt komme? Denn *für sich selbst* fixiert, d.h. außer *den Menschen* gesetzt, ist das Denken außer allem Verbande und Zusammenhang mit der Welt. Zum Objekt erhebst Du Dich nur dadurch, daß Du Dich dazu erniedrigst, selbst Objekt für anderes zu sein. Du denkst nur, weil *Deine Gedanken* selbst *gedacht* werden können, und sie sind nur wahr, wenn sie die Probe der Objektivität bestehen, wenn sie der andere *außer Dir,* dem sie Objekt sind, auch anerkennt; Du siehst nur als ein selbst sichtbares, fühlst nur als ein selbst fühlbares Wesen. Offen steht die Welt nur dem offenen Kopf, und die *Öffnungen des Kopfes* sind *nur die Sinne.* Aber das für sich isolierte, *in sich verschlossene* Denken, das Denken *ohne Sinne, ohne den Menschen, außer* dem Menschen ist *absolutes Subjekt,* das für anderes nicht Objekt sein kann und sein *soll,* aber 164 eben deswegen auch trotz aller Anstrengungen *nun und nimmermehr einen Übergang zum Objekt, zum Sein findet*; so wenig als ein Kopf, der vom Rumpf abgetrennt ist, einen Übergang findet zur Besitzergreifung eines Gegenstandes, weil die Mittel, die Organe des Ergreifens fehlen.

§ 52

Die neue Philosophie ist die *vollständige*, die *absolute*, die *widerspruchs-lose Auflösung der Theologie in der Anthropologie*; denn sie ist die Auflösung derselben nicht nur, wie die alte Philosophie, in der Vernunft, sondern auch *im Herzen*, kurz, im *ganzen, wirklichen* Wesen des Menschen. Aber sie ist auch in dieser Beziehung nur das *notwendige Resultat* der alten Philosophie, – denn was einmal im Verstande aufgelöst ist, muß sich endlich auch im *Leben*, im *Herzen*, im *Blute* des Menschen auflösen – aber auch zugleich erst die *Wahrheit* derselben, und zwar als eine *neue, selbständige* Wahrheit; denn erst die *Fleisch* und *Blut gewordene Wahrheit* ist *Wahrheit*. Die alte Philosophie fiel *notwendig* wieder in die Theologie zurück: was nur *im Verstande*, nur *in abstracto* aufgehoben ist, das hat noch einen *Gegensatz* am *Herzen*; die neue Philosophie dagegen kann *nicht mehr rückfällig* werden: was an Leib und Seele zugleich tot ist, das kann auch nicht einmal als Gespenst wiederkehren.

§ 53.

Der *Mensch unterscheidet* sich *keineswegs nur durch* das *Denken* von dem *Tiere*. Sein *ganzes* Wesen ist vielmehr *sein Unterschied vom Tiere*. Allerdings ist der, welcher *nicht* denkt, *kein* Mensch, aber nicht, weil das Denken die Ursache, sondern nur weil es eine *notwendige Folge und Eigenschaft* des menschlichen Wesens ist.

Wir brauchen daher auch hier nicht über das Gebiet der Sinnlichkeit hinauszugehen, um den Menschen als ein über den Tieren stehendes Wesen zu erkennen. Der Mensch ist kein partikuläres Wesen wie das Tier, sondern ein *universelles*, darum kein beschränktes und unfreies, sondern uneingeschränktes, freies Wesen, denn Universalität, Unbeschränktheit, Freiheit sind unzertrennlich. Und diese Freiheit existiert nicht etwa in einem *besonderen* Vermögen, dem *Willen*, ebensowenig diese Universalität in einem besonderen Vermögen der *Denkkraft*, der Vernunft – diese Freiheit, diese Universalität erstreckt sich über sein *ganzes* Wesen. Die tierischen Sinne sind wohl schärfer als die menschlichen, aber nur in Beziehung auf bestimmte, mit den Bedürfnissen des Tieres in notwendigem Zusammenhang stehende Dinge, und sie sind schärfer eben wegen dieser Determination, dieser ausschließlichen Beschränkung auf Bestimmtes. Der Mensch hat nicht den Geruch eines Jagdhundes, eines Raben; aber nur weil sein Geruch ein alle Arten von Gerüchen umfassender, darum freier, gegen besondere Gerüche indifferenter Sinn ist. Wo sich aber ein Sinn erhebt über die Schranke der Partikularität und seine Gebundenheit an das Bedürfnis, da erhebt er sich zu *selbständiger*, zu *theoretischer* Bedeutung und Würde: – *universeller* Sinn ist *Verstand, universelle* Sinnlichkeit *Geistigkeit*. Selbst die untersten Sinne, Geruch und Geschmack, erheben sich im Menschen zu geistigen, zu wissenschaftlichen Akten. Geruch und Geschmack der Dinge sind Gegenstände der Naturwissenschaft. Ja, selbst der *Magen* des Menschen, so verächtlich wir auf ihn herabblicken, ist kein tierisches, sondern *menschliches*, weil universales, nicht auf bestimmte Arten von Nahrungsmittel eingeschränktes Wesen. Eben darum ist der Mensch frei von der Wut der Freßbegierde, mit welcher das Tier über seine Beute herfällt. Laß einem Menschen seinen Kopf, gib ihm aber den Magen eines Löwen oder Pferdes – er hört sicherlich auf, ein Mensch zu sein. Ein beschränkter Magen verträgt sich auch nur mit einem beschränkten, d.i. tierischen Sinn. Das sittliche und vernünftige Verhältnis des Menschen zum Magen besteht daher auch nur darin, denselben nicht als ein viehisches, sondern menschliches Wesen zu behandeln. Wer mit dem Magen die Menschheit abschließt, den Magen in die Klasse der Tiere versetzt, der autorisiert den Menschen im Essen zur Bestialität.

§ 54.

Die neue Philosophie macht den *Menschen* mit *Einschluß der Natur*, als der Basis des Menschen, zum *alleinigen, universalen* und *höchsten Gegenstand* der Philosophie – die *Anthropologie* also, mit *Einschluß der Physiologie, zur Universalwissenschaft.*

§ 55.

Kunst, Religion, Philosophie oder *Wissenschaft* sind nur die Erscheinungen oder Offenbarungen des *wahren menschlichen Wesens*. – Mensch, vollkommener, wahrer Mensch ist nur, wer *ästhetischen* oder *künstlerischen, religiösen* oder *sittlichen* und *philosophischen* oder *wissenschaftlichen* Sinn hat – Mensch überhaupt nur der, welcher *nichts wesentlich*

Menschliches von sich ausschließt. Homo sum, humani nihil a me alienum puto – dieser Satz, in seiner *universellsten* und *höchsten Bedeutung* genommen, ist der *Wahlspruch* des *neuen Philosophen.*

§ 56.

Die *absolute Identitätsphilosophie* hat den *Standpunkt der Wahrheit gänzlich verrückt.* Der *natürliche Standpunkt* des Menschen, der Standpunkt der *Unterscheidung* in *Ich* und *Du, Subjekt* und *Objekt* ist der *wahre,* der *absolute Standpunkt,* folglich auch der *Standpunkt der Philosophie.*

§ 57.

Die der Wahrheit gemäße Einheit von Kopf und Herz besteht nicht in der Auslöschung oder Vertuschung ihrer Differenz, sondern vielmehr nur darin, daß der *wesentliche Gegenstand des Herzens* auch der *wesentliche Gegenstand* des Kopfes ist – also nur in der Identität des *Gegenstandes.* Die neue Philosophie, welche den wesentlichen und höchsten Gegenstand des Herzens, den Menschen, auch zum wesentlichen und höchsten Gegenstand des Verstandes macht, begründet daher eine vernünftige Einheit von Kopf und Herz, von Denken und Leben.

§ 58.

Die Wahrheit existiert nicht im Denken, nicht im Wissen für sich selbst. *Die Wahrheit ist nur die Totalität des menschlichen Lebens und Wesens.*

§ 59.

Der einzelne Mensch *für sich* hat das *Wesen* des Menschen *weder in sich als moralischem, noch in sich als denkendem Wesen.* Das *Wesen* des Menschen ist nur in der Gemeinschaft, in der *Einheit des Menschen mit dem Menschen* enthalten – eine Einheit, die sich aber nur auf die *Realität des Unterschiedes* von Ich und Du stützt.

§ 60.

Einsamkeit ist *Endlichkeit* und *Beschränktheit, Gemeinschaftlichkeit* ist *Freiheit* und *Unendlichkeit.* Der Mensch *für sich* ist Mensch (im gewöhnlichen Sinn); Mensch *mit* Mensch – die *Einheit von Ich und Du ist Gott.*

§ 61.

Der *absolute Philosoph* sagte oder dachte wenigstens, analog dem L'état c'est moi des absoluten Monarchen und L'être c'est moi des absoluten Gottes – von sich, *als Denker* natürlich, nicht als Menschen: la vérité c'est moi. Der menschliche Philosoph sagt dagegen: *ich bin auch im Denken, auch als Philosoph Mensch mit Menschen.*

§ 62.

Die *wahre* Dialektik ist *kein Monolog des einsamen Denkers mit sich selbst,* sie ist ein *Dialog zwischen Ich und Du.*

§ 63.

Die *Trinität* war das *höchste Mysterium,* der *Zentralpunkt der absoluten Philosophie und Religion.* Aber das Geheimnis derselben ist, wie im Wesen des Christentums historisch und philosophisch bewiesen wurde, das Geheimnis des *gemeinschaftlichen, gesellschaftlichen Lebens* – das Geheimnis der *Notwendigkeit des Du* für *das Ich* – die Wahrheit, daß *kein Wesen,* es sei und heiße nun Mensch oder Gott oder Geist oder Ich, *für sich selbst allein* ein *wahres,* ein *vollkommenes,* ein *absolutes* Wesen, daß die *Wahrheit* und *Vollkommenheit* nur ist die *Verbindung,* die *Einheit* von wesensgleichen Wesen. Das höchste und letzte Prinzip der Philosophie ist daher die *Einheit des Menschen mit dem Menschen.* 169 Alle wesentlichen Verhältnisse – die Prinzipien verschiedener Wissenschaften – sind nur *verschiedene Arten und Weisen dieser Einheit.*

§ 64.

Die alte Philosophie hat eine *doppelte Wahrheit* – die Wahrheit *für sich selbst*, die sich nicht um den Menschen bekümmerte – *die Philosophie* – und die Wahrheit *für den Menschen* – *die Religion*. Die neue Philosophie dagegen, als die Philosophie des Menschen, ist auch wesentlich die *Philosophie für den Menschen* – sie hat, unbeschadet der Würde und Selbständigkeit der Theorie, ja im innigsten Einklang mit derselben, wesentlich eine *praktische*, und zwar im höchsten Sinne praktische Tendenz; sie tritt an die Stelle der Religion, sie hat das Wesen der Religion in sich, sie ist in Wahrheit *selbst Religion*.

§ 65.

Die bisherigen Reformversuche in der Philosophie unterscheiden sich mehr oder weniger nur der *Art, nicht der Gattung* nach von der alten Philosophie. Die unerläßlichste Bedingung einer wirklich neuen, d.i. selbständigen, dem Bedürfnis der Menschheit und Zukunft entsprechenden Philosophie ist aber, daß sie sich *dem Wesen nach*, daß sie sich toto genere von der alten Philosophie unterscheide.

170

Vorläufige Thesen zur Reform der Philosophie

Das Geheimnis der *Theologie* ist die *Anthropologie*, das Geheimnis aber der *spekulativen Philosophie* die *Theologie* – die *spekulative* Theologie, welche sich dadurch von der *gemeinen* unterscheidet, daß sie das von dieser aus Furcht und Unverstand in das Jenseits entfernte göttliche Wesen ins Diesseits versetzt, d.h. *vergegenwärtigt, bestimmt, realisiert.*

Spinoza ist der eigentliche Urheber der modernen spekulativen Philosophie, *Schelling* ihr Wiederhersteller, *Hegel* ihr Vollender.

Der »*Pantheismus*« ist die *notwendige Konsequenz* der Theologie (oder des Theismus) – die *konsequente* Theologie; der »*Atheismus*« die *notwendige Konsequenz* des »Pantheismus«, der *konsequente* »Pantheismus.«[1]

Das Christentum ist der *Widerspruch* von *Polytheismus* und *Monotheismus.*

Der Pantheismus ist der *Monotheismus* mit dem *Prädikate* des Polytheismus, d.h. der Pantheismus macht die selbständigen Wesen des Polytheismus zu Prädikaten, Attributen des einen selbständigen Wesens. So machte Spinoza das Denken, als den Inbegriff der denkenden Dinge, und die Materie, als den Inbegriff der ausgedehnten Dinge, zu Attributen der Substanz, d.i. Gottes. Gott ist ein denkendes Ding, Gott ist ein ausgedehntes Ding.

Die Identitätsphilosophie unterschied sich nur dadurch von der Spinozischen, daß sie das tote, phlegmatische Ding der Substanz mit dem Spiritus des Idealismus begeisterte. Hegel insbesondere machte die Selbsttätigkeit, die Selbstunterscheidungskraft, das Selbstbewußtsein zum Attribut der Substanz. Der paradoxe Satz Hegels: »das Bewußtsein von Gott ist das Selbstbewußtsein Gottes«, beruht auf *demselben Fundament*, als der paradoxe Satz Spinozas: »die Ausdehnung oder Materie ist ein Attribut der Substanz«, und hat keinen anderen Sinn, als: das

55

---

1   Diese *theologischen* Bezeichnungen werden hier nur im *Sinn trivialer Spitznamen* gebraucht.

Selbstbewußtsein ist ein Attribut der Substanz oder Gottes, Gott ist Ich. Das Bewußtsein, welches der Theist im Unterschiede vom *wirklichen* Bewußtsein Gott zuschreibt, ist nur eine Vorstellung der Realität. Der Satz Spinozas aber: die Materie ist *Attribut* der Substanz, sagt nichts weiter aus, als die Materie ist substanzielle göttliche Wesenheit: ebenso der Satz Hegels nichts weiter als: das Bewußtsein ist göttliches Wesen.

Die Methode der reformatorischen Kritik der *spekulativen Philosophie überhaupt* unterscheidet sich nicht von der bereits in der *Religionsphilosophie* angewandten. Wir dürfen nur immer das *Prädikat* zum *Subjekt*, und so als *Subjekt* zum *Objekt* und Prinzip machen – also die spekulative Philosophie nur *umkehren*, so haben wir die unverhüllte, die pure, blanke Wahrheit.

Der »Atheismus« ist der umgekehrte »Pantheismus«.

Der Pantheismus ist *die Negation der Theologie auf dem Standpunkt der Theologie.*

Wie nach Spinoza (Ethic. P. I. Defin. 3 u. Propos. 10.) das Attribut oder Prädikat der Substanz die Substanz selbst ist, so ist auch nach Hegel das *Prädikat* des Absoluten, des Subjektes überhaupt das *Subjekt selbst.* Das Absolute ist nach Hegel Sein, Wesen, Begriff (Geist, Selbstbewußtsein). Das Absolute aber, als Sein nur gedacht, ist gar *nichts anderes* als Sein; das Absolute, inwiefern es unter dieser oder jener Bestimmtheit, Kategorie gedacht wird, geht *ganz* in diese Kategorie, diese Bestimmtheit auf, so daß es *abgesehen* davon ein bloßer Name ist. Aber dessen ungeachtet, liegt doch noch das Absolute *als Subjekt* zugrunde, hat das wahre Subjekt, *das*, wodurch das Absolute nicht ein bloßer Name, sondern *Etwas* ist, die *Determination* doch noch immer die Bedeutung eines bloßen Prädikates, gerade wie bei Spinoza das Attribut.

Das Absolute oder Unendliche der spekulativen Philosophie ist, psychologisch betrachtet, nichts anderes als das nicht Determinierte, Unbestimmte – die Abstraktion von allem Bestimmten, gesetzt als ein von dieser Abstraktion unterschiedenes, zugleich aber wieder mit derselben identifiziertes Wesen; historisch betrachtet aber nichts anderes als das alte theologisch-metaphysische *nicht* endliche, *nicht* menschliche, *nicht* materielle, *nicht* bestimmte, *nicht* beschaffene Wesen oder Unwesen, – das vorweltliche Nichts gesetzt *als Akt*.

Die Hegelsche Logik ist die zur *Vernunft* und *Gegenwart* gebrachte, zur *Logik* gemachte *Theologie. Wie das göttliche Wesen der Theologie der ideale oder abstrakte Inbegriff aller Realitäten, d.i. aller Bestimmungen, aller Endlichkeiten ist, so die Logik.* Alles, was auf Erden, findet sich wieder im Himmel der Theologie – so auch *alles, was in der Natur, im Himmel der göttlichen Logik*: Qualität, Quantität, Maß, Wesen, Chemismus, Mechanismus, Organismus. Alles haben wir *zweimal* in der Theologie, das eine Mal in abstracto, das andere Mal in concreto. – Alles *zweimal* in der Hegelschen Philosophie; als Objekt der Logik, und dann wieder als Objekt der Natur- und Geistesphilosophie. 57

Das Wesen der Theologie ist das *transzendente*, außer den Menschen hinausgesetzte Wesen des Menschen; das Wesen der Logik Hegels das *transzendente* Denken, das Denken des Menschen *außer den Menschen gesetzt*.

Wie die Theologie den Menschen entzweit und *entäußert*, um dann das entäußerte Wesen wieder mit ihm zu identifizieren, so *vervielfältigt* und *zersplittert* Hegel das *einfache, mit sich identische Wesen* der Natur und des Menschen, um das gewaltsam Getrennte dann wieder gewaltsam zu vermitteln.

Die Metaphysik oder Logik ist nur dann eine *reelle, immanente* Wissenschaft, wenn sie nicht vom sogenannten *subjektiven Geiste abgetrennt* wird. Die Metaphysik ist die *esoterische Psychologie.* Welche Willkür, welche Gewalttat, die Qualität für sich, die Empfindung für sich zu betrachten, beide in besondere Wissenschaften entzwei zu reißen, als wäre die Qualität etwas ohne Empfindung, die Empfindung etwas ohne Qualität.

Der *absolute Geist* Hegels ist nichts anderes, als der *abstrakte*, von sich selbst abgesonderte, sogenannte *endliche* Geist, wie das unendliche

Wesen der Theologie nichts anderes ist, als das *abstrakte* endliche Wesen.

Der absolute Geist offenbart oder realisiert sich nach Hegel in der Kunst, in der Religion, in der Philosophie. Das heißt auf deutsch: der *Geist der Kunst, der Religion, der Philosophie ist der absolut Geist.* Aber die Kunst und Religion kann man nicht von der menschlichen Empfindung, Phantasie und Anschauung, die Philosophie nicht vom Denken, kurz den absoluten Geist nicht vom subjektiven Geiste oder Wesen des Menschen absondern, ohne sich wieder auf den alten Standpunkt der Theologie zurückzuversetzen, ohne sich den absoluten Geist als einen *anderen,* vom menschlichen Wesen unterschiedenen Geist, d.h. ein außer uns existierendes Gespenst von uns selbst vorzuspiegeln.

Der »absolute Geist« ist der »abgeschiedene Geist« der Theologie, welcher in der Hegelschen Philosophie noch als *Gespenst* umgeht.

Die Theologie ist *Gespensterglaube.* Die *gemeine* Theologie hat aber ihre Gespenster in der sinnlichen Imagination, die *spekulative* Theologie in der unsinnlichen Abstraktion.

Abstrahieren heißt das *Wesen* der Natur *außer die Natur,* das *Wesen* des Menschen *außer den Menschen,* das *Wesen* des Denkens *außer den Denkakt* setzen. Die Hegelsche Philosophie hat den Menschen *sich selbst entfremdet,* indem ihr ganzes System auf diesen Abstraktionsakten beruht. Sie identifiziert zwar wieder, was sie trennt, aber nur auf eine selbst wieder *trennbare, mittelbare* Weise. Der Hegelschen Philosophie fehlt *unmittelbare Einheit, unmittelbare Gewißheit, unmittelbare Wahrheit.*

Die unmittelbare, sonnenklare, truglose Identifikation des durch die Abstraktion vom Menschen entäußerten Wesens des Menschen *mit* dem Menschen kann nicht auf positivem Wege, kann nur als die *Negation* der Hegelschen Philosophie aus ihr abgeleitet, kann überhaupt *nur begriffen,* nur *verstanden* werden, wenn sie *als die totale Negation* der spekulativen Philosophie begriffen wird, ob sie gleich die *Wahrheit* derselben ist. Alles steckt zwar in der Hegelschen Philosophie, aber immer zugleich mit seiner *Negation,* seinem *Gegensatze.*

Der *augenfällige* Beweis, daß der absolute Geist der sogenannte endliche, subjektive Geist ist, also jener nicht von diesem abgesondert werden kann und darf – ist die *Kunst*. Die Kunst geht aus dem Gefühl hervor, daß das diesseitige Leben das wahre Leben, das *Endliche* das *Unendliche* ist – aus der Begeisterung für ein *bestimmtes, wirkliches* Wesen als das *höchste*, das *göttliche* Wesen. Der *christliche Monotheismus* hat *kein Prinzip der künstlerischen* und *wissenschaftlichen Bildung in sich.* Nur der *Polyteismus*, der sogenannte *Götzendienst* ist die Quelle der *Kunst und Wissenschaft*. Die Griechen erhoben sich nur dadurch zur Vollendung der plastischen Kunst, daß ihnen unbedingt und *unbedenklich* die menschliche Gestalt für die höchste Gestalt, für die Gestalt der Gottheit galt. Die Christen kamen erst da zur Poesie, als sie die *christliche Theologie praktisch negierten*, das *weibliche* Wesen als *göttliches* Wesen verehrten. Die Christen waren im *Widerspruch* mit dem Wesen ihrer Religion, wie sie es vorstellten, wie es *Gegenstand* ihres Bewußtseins war, Künstler und Poeten. Petrarca *bereute* aus Religion die Gedichte, in denen er seine Laura vergöttert hatte. Warum haben die Christen nicht wie die Heiden ihren religiösen Vorstellungen adäquate Kunstwerke? Warum kein sie vollkommen befriedigendes Christusbild? Weil die religiöse Kunst der Christen scheitert an dem 60 verderblichen *Widerspruch* zwischen ihrem *Bewußtsein* und der *Wahrheit*. Das Wesen der christlichen Religion ist in Wahrheit das menschliche, im Bewußtsein der Christen aber ein *anderes*, ein *nicht* menschliches. Christus soll Mensch und wieder nicht Mensch sein; er ist eine Amphibolie. Die Kunst kann aber nur das Wahre, *Unzweideutige* darstellen.

Das entschiedene, zu Fleisch und Blut gewordene Bewußtsein, daß das Menschliche das Göttliche, das Endliche das Unendliche, ist die Quelle einer neuen Poesie und Kunst, die an Energie, Tiefe und Feuer alle bisherigen übertreffen wird. Der Glaube an das Jenseits Ist ein absolut unpoetischer Glaube. Der Schmerz ist die Quelle der Poesie. Nur wer den Verlust eines endlichen Wesens als einen unendlichen Verlust empfindet, hat die Kraft zu lyrischem Feuer, Nur der schmerzliche Reiz der Erinnerung an das, was *nicht mehr ist*, ist der erste Künstler, der erste Idealist im Menschen. Aber der Glaube an das Jenseits macht jeden Schmerz zum Scheine, zur Unwahrheit.

Die Philosophie, welche das Endliche aus dem Unendlichen, das Bestimmte aus dem Unbestimmten ableitet, *bringt es nie zu einer wahren Position des Endlichen und Bestimmten.* Das Endliche wird aus dem Unendlichen abgeleitet – das heißt: das Unendliche, das Unbestimmte wird bestimmt, *negiert;* es wird eingestanden, daß das Unendliche *ohne Bestimmung, d.h. ohne Endlichkeit nichts* ist, als die *Realität* des Unendlichen also das *Endliche* gesetzt. Aber das negative Unwesen des Absoluten bleibt zugrundeliegen; die gesetzte Endlichkeit wird daher immer wieder aufgehoben. Das *Endliche* ist die *Negation* des *Unendlichen,* und wieder das *Unendliche* die *Negation* des *Endlichen.* Die Philosophie des Absoluten ist ein *Widerspruch.*

Wie in der Theologie der *Mensch* die *Wahrheit, Realität* Gottes ist – denn alle Prädikate, die Gott als Gott realisieren, Gott zu einem *wirklichen Wesen* machen, wie Macht, Weisheit, Güte, Liebe, selbst Unendlichkeit und Persönlichkeit, als welche den *Unterschied* vom Endlichen zur Bedingung haben, werden erst in und mit dem Menschen gesetzt – ebenso ist in der spekulativen Philosophie die *Wahrheit* des *Unendlichen* das *Endliche.*

Die Wahrheit des Endlichen wird von der absoluten Philosophie nur auf *indirekte, verkehrte* Weise ausgesprochen. Wenn das Unendliche nur ist, nur *Wahrheit* und *Wirklichkeit* hat, wenn es *bestimmt,* d.h. wenn es nicht als Unendliches, sondern *Endliches* gesetzt wird, so ist ja in Wahrheit das *Endliche* das *Unendliche.*

Die Aufgabe der wahren Philosophie ist nicht, das Unendliche als das Endliche, sondern das Endliche als das nicht Endliche, als das Unendliche zu erkennen, oder *nicht* das Endliche in das Unendliche, sondern das Unendliche in das Endliche zu setzen.

Der Anfang der Philosophie ist nicht Gott, nicht das Absolute, nicht das Sein als *Prädikat* des Absoluten oder der Idee – der Anfang der Philosophie ist das Endliche,[2] das Bestimmte, das *Wirkliche.* Das Un-

---

2   Das Wort Endlich brauche ich immer nur im Sinn der »absoluten« Philosophie, welcher vom Standpunkt des Absoluten das Reale, das Wirkliche als das Unwirkliche, Nichtige erscheint, weil ihr das Unwirkliche, das Unbestimmte für das Reale gilt, ob Ihr gleich andererseits wieder vom

endliche kann gar nicht gedacht werden *ohne* das Endliche. Kannst *Du die* Qualität denken, definieren, ohne an eine *bestimmte Qualität* zu denken? Also ist nicht das Unbestimmte, sondern das Bestimmte das erste, denn die *bestimmte* Qualität ist nichts anderes als die wirkliche Qualität; der gedachten Qualität geht die wirkliche voraus.

Der *subjektive* Ursprung und Gang der Philosophie ist auch ihr *objektiver* Gang und Ursprung. Ehe Du die Qualität denkst, *fühlst* Du die Qualität. Dem Denken geht das *Leiden* voran.

Das Unendliche ist das *wahre Wesen* des Endlichen – das wahre Endliche. Die wahre Spekulation oder Philosophie ist nichts als die *wahre* und *universale Empirie.*

Das Unendliche der Religion und Philosophie ist und war nie etwas anderes als irgendein *Endliches*, irgendein Bestimmtes, aber *mystifiziert*, d.h. ein Endliches, ein Bestimmtes, *mit dem Postulat, nichts* Endliches, *nichts* Bestimmtes zu sein. Die spekulative Philosophie hat sich *desselben Fehlers* schuldig gemacht als die Theologie, – die Bestimmungen der Wirklichkeit oder Endlichkeit nur durch die *Negation* der Bestimmtheit, in welcher sie sind, *was sie sind*, zu Bestimmungen, Prädikaten des Unendlichen gemacht.

63

Ehrlichkeit und Redlichkeit sind zu allen Dingen nütze – auch zur Philosophie. Ehrlich und redlich ist aber nur die Philosophie, wenn sie die Endlichkeit ihrer spekulativen Unendlichkeit eingesteht – eingesteht also, daß z.B. das Geheimnis der Natur in Gott nichts anderes ist als das Geheimnis der menschlichen Natur, daß die *Nacht*, die sie in Gott setzt, um aus ihr das Licht des Bewußtseins zu erzeugen, nichts ist, als ihr eigenes, *dunkles, instinktartiges* Gefühl von der Realität und Unentbehrlichkeit der Materie.

Der bisherige Gang der spekulativen Philosophie vom Abstrakten zum Konkreten, vom Idealen zum Realen ist ein verkehrter. Auf diesem

> *Standpunkt der Nichtigkeit* aus das Endliche, das Nichtige, als das Reale erscheint – ein Widerspruch, der besonders in der früheren Schellingschen Philosophie hervortritt, aber auch der Hegelschen noch *zugrunde* liegt.

Wege kommt man nie zur *wahren, objektiven* Realität, sondern immer nur zur *Realisation seiner eigenen Abstraktionen,* und eben deswegen nie zur wahren *Freiheit* des Geistes; denn *nur die Anschauung der Dinge und Wesen in ihrer objektiven Wirklichkeit macht den Menschen frei und ledig aller Vorurteile.* Der Übergang vom Idealen zum Realen hat seinen Platz nur in der praktischen Philosophie.

Die Philosophie ist die Erkenntnis dessen, *was ist.* Die Dinge und Wesen *so* zu denken, *so* zu erkennen, *wie sie sind* – dies ist das höchste Gesetz, die höchste Aufgabe der Philosophie.

Das, was ist, *so, wie* es ist – also das Wahre *wahr* ausgesprochen, *scheint oberflächlich;* das, was ist, *so, wie es nicht ist* – also das Wahre *unwahr, verkehrt* ausgesprochen, *scheint tief* zu sein.

Wahrhaftigkeit, Einfachheit, Bestimmtheit sind die formellen. Kennzeichen der *reellen* Philosophie.

Das Sein, mit dem die Philosophie beginnt, kann nicht vom Bewußtsein, das Bewußtsein nicht vom Sein abgetrennt werden. Wie die Realität der Empfindung die Qualität und umgekehrt die Empfindung die Realität der Qualität ist, so ist auch das Sein die Realität des Bewußtseins, aber ebenso umgekehrt das Bewußtsein die Realität des Seins – das Bewußtsein erst das *wirkliche* Sein. Die *reelle* Einheit von Geist und Natur ist nur das Bewußtsein.

Alle die Bestimmungen, Formen, Kategorien oder wie man es sonst nennen will, welche die spekulative Philosophie vom Absoluten abgestreift und in das Gebiet des *Endlichen, Empirischen* verstoßen hat, enthalten gerade das *wahre Wesen* des Endlichen, das *wahre Unendliche,* die *wahren und letzten Mysterien* der Philosophie.

Raum und *Zeit* sind die Existenzformen alles Wesens. Nur die Existenz in Raum und Zeit ist *Existenz.* Die Negation von Raum und Zeit ist immer nur die *Negation ihrer Schranken, nicht ihres Wesens.* Eine zeitlose Empfindung, ein zeitloser Wille, ein zeitloser Gedanke, ein zeitloses Wesen sind Undinge. Wer keine Zeit überhaupt, hat auch keine Zeit, keinen Drang zum Wollen, zum Denken.

Die Negation von Raum und Zeit in der Metaphysik, im Wesen der Dinge hat die verderblichsten praktischen Folgen. Nur wer *überall* auf dem Standpunkte der Zeit und des Raumes steht, hat auch im Leben *Takt* und *praktischen Verstand*. Raum und Zeit sind die ersten Kriterien der Praxis. Ein Volk, welches aus seiner Metaphysik die Zeit ausschließt, die ewige, d.h. *abstrakte*, von der Zeit abgesonderte Existenz vergöttert, das schließt konsequent auch aus seiner Politik die Zeit aus, vergöttert das rechts- und vernunftswidrige, antigeschichtliche Stabilitätsprinzip.

Die spekulative Philosophie hat die von der *Zeit abgesonderte Entwicklung* zu einer Form, einem Attribut des Absoluten gemacht. Diese Absonderung der Entwicklung von der Zeit ist aber ein wahres Meisterstück *spekulativer Willkür* und der schlagende Beweis, daß die spekulativen Philosophen es ebenso gemacht haben mit ihrem Absoluten, wie die Theologen mit ihrem Gott, der alle Affekte des Menschen hat *ohne Affekte*, liebt *ohne Liebe*, zürnt *ohne Zorn*. Entwicklung ohne Zeit ist so viel als Entwicklung *ohne Entwicklung*. Der Satz: das absolute Wesen entwickelt sich aus sich – ist übrigens nur *umgekehrt* ein wahrer, vernünftiger. Es muß also heißen: nur ein sich entwickelndes, sich zeitlich entfaltendes Wesen ist ein *absolutes*, d.i. *wahres, wirkliches* Wesen.

Raum und Zeit sind die Offenbarungsformen des *wirklichen* Unendlichen.

Wo keine Grenze, keine Zeit, keine Not, da ist auch keine Qualität, keine Energie, kein Spiritus, kein Feuer, keine Liebe. Nur das *notleidende* Wesen ist das *notwendige* Wesen. *Bedürfnislose* Existenz ist *überflüssige* Existenz. Was frei ist von Bedürfnissen überhaupt, hat auch kein Bedürfnis der Existenz. Ob es ist oder nicht ist, das ist eins – eins für es selbst, eins für andere. Ein Wesen ohne Not ist ein Wesen ohne *Grund*. Nur was *leiden* kann, verdient zu existieren. Nur das *schmerzensreiche Wesen ist göttliches Wesen*. Ein Wesen *ohne Leiden* ist ein Wesen *ohne Wesen*. Ein Wesen ohne Leiden ist aber nichts anderes, als ein Wesen *ohne Sinnlichkeit, ohne Materie*.

Eine Philosophie, welche kein *passives Prinzip* in sich hat, eine Philosophie, welche spekuliert über Existenz *ohne Zeit*, über das Dasein *ohne Dauer*, über die Qualität *ohne Empfindung* über das Wesen *ohne Wesen*, über das Leben *ohne Leben*, ohne Fleisch und Blut – eine solche Philosophie, wie die des Absoluten überhaupt, hat, als eine durchaus *einseitige, notwendig* die Empirie zu ihrem Gegensatz. Spinoza hat die Materie wohl zu einem Attribut der Substanz gemacht, aber nicht als ein Prinzip des Leidens, sondern gerade deswegen, weil sie *nicht* leidet, weil sie einzig, unteilbar, unendlich ist, weil sie insofern die *nämlichen* Bestimmungen hat, als das ihr *entgegengesetzte* Attribut des Denkens, kurz, weil sie eine *abstrakte* Materie, eine Materie *ohne Materie* ist, gleichwie das Wesen der Hegelschen Logik das Wesen der Natur und des Menschen ist, aber *ohne Wesen, ohne Natur, ohne Mensch.*

Der Philosoph muß das im Menschen, was *nicht* philosophiert, was vielmehr *gegen* die Philosophie ist, dem abstrakten Denken opponiert, das also, was bei Hegel nur zur *Anmerkung* herabgesetzt ist, in den *Text* der Philosophie aufnehmen. Nur so wird die Philosophie zu einer *universalen, gegensatzlosen, unwiderleglichen, unwiderstehlichen Macht.* Die Philosophie hat daher nicht *mit sich*, sondern mit ihrer *Antithese*, mit der *Nichtphilosophie* zu beginnen. Dieses vom Denken unterschiedene, unphilosophische, absolut *antischolastische* Wesen in uns ist das Prinzip des *Sensualismus.*

Die wesentlichen Werkzeuge, Organe der Philosophie sind der *Kopf*, die Quelle der Aktivität, der Freiheit, der metaphysischen Unendlichkeit, des Idealismus, und das *Herz*, die Quelle der Leiden, der Endlichkeit, des Bedürfnisses, des Sensualismus – theoretisch ausgedrückt: *Denken und Anschauung*; denn das *Denken* ist das *Bedürfnis* des *Kopfes*, die *Anschauung*, der *Sinn* das *Bedürfnis* des *Herzens*. Das Denken ist *das Prinzip* der Schule, des Systems, die Anschauung das *Prinzip des Lebens.* In der Anschauung werde ich *bestimmt* vom Gegenstande, im Denken *bestimme* ich den Gegenstand; im Denken bin ich *Ich*, in der Anschauung *Nicht-Ich*. Nur aus der *Negation* des Denkens, aus dem *Bestimmtsein* vom Gegenstande, aus der *Passion*, aus der Quelle aller Lust und Not erzeugt sich der wahre, objektive Gedanke, die wahre, objektive Philosophie. Die Anschauung gibt das mit der *Existenz unmittelbar identische*, das Denken das durch die *Unterscheidung*, die *Absonderung* von der Existenz *vermittelte* Wesen. Nur da also, wo sich mit dem Wesen die Existenz, mit dem Denken die Anschauung, mit der Aktivität die Passivität, mit dem *scholastischen Phlegma der deutschen Metaphysik* das *antischolastische, sanguinische Prinzip des französischen Sensualismus* und *Materialismus* vereinigt, nur da ist *Leben* und *Wahrheit*.

Wie die Philosophie, so der Philosoph, und umgekehrt: die Eigenschaften des Philosophen, die *subjektiven Bedingungen* und *Elemente* der Philosophie sind auch ihre *objektiven*. Der wahre, der *mit dem Leben, dem Menschen identische* Philosoph muß *gallo-germanischen* Geblütes sein. Erschreckt nicht, ihr keuschen Deutschen, über diese Vermischung! Schon Anno 1716 haben diesen Gedanken die Acta Philosophorum ausgesprochen. »Wenn wir die *Deutschen* und *Franzosen* gegeneinanderhalten, so haben zwar dieser ihre ingenia mehr Hurtigkeit, jene aber mehr Solidität, und man könnte füglich sagen, das temperamentum Gallico-germanicum schicke sich am besten zur Philosophie, oder ein Kind, welches einen *Franzosen* zum Vater und eine *Deutsche* zur Mutter hat, müßte (caeteris paribus) ein gut ingenium philosophicum bekommen.« Ganz richtig; nur müssen wir die Mutter zur Französin, den Vater zum Deutschen machen. Das Herz – das weibliche Prinzip, der *Sinn* für das Endliche, der Sitz des Materialismus – ist *französisch gesinnt*; der *Kopf* – das männliche Prinzip, der Sitz des Idealismus – *deutsch*. Das Herz revolutioniert, der Kopf reformiert; der Kopf bringt die Dinge *zustande*, das Herz in *Bewegung*. Aber nur wo Bewegung, Wallung, Leidenschaft, Blut, Sinnlichkeit, da ist auch *Geist*. Nur der Esprit Leibniz, sein sanguinisches, *materialistisch*-idealistisches Prinzip war es, was zuerst die Deutschen aus ihrem philosophischen Pedantismus und Scholastizismus herausriß.

Das Herz galt bisher in der Philosophie für die Brustwehr der Theologie. Aber gerade das Herz ist das schlechterdings *antitheologische*, das im Sinn der Theologie ungläubige, atheistische Prinzip im Menschen. Denn es glaubt an *nichts anderes*, als *an sich selbst*, glaubt nur an die unumstößliche, göttliche, absolute Realität *seines* Wesens. Aber der Kopf, welcher das Herz *nicht* versteht, verwandelt, weil Trennen, Unterscheiden in Subjekt und Objekt seine Sache ist, das eigene Wesen des Herzens in ein vom Herzen *unterschiedenes, objektives, äußerliches* Wesen. Allerdings ist dem Herzen ein *anderes* Wesen ein Bedürfnis, jedoch nur ein solches Wesen, welches seinesgleichen, *nicht* vom Herzen unterschieden ist, *nicht* dem Herzen widerspricht. Die Theologie *leugnet* die *Wahrheit* des *Herzens*, die *Wahrheit* des *religiösen Affektes*. Der religiöse Affekt, das Herz, sagt z.B.: »*Gott leidet*«; die Theologie dagegen sagt: Gott leidet *nicht*, d.h. das Herz *leugnet* den *Unterschied* Gottes vom Menschen, die Theologie *behauptet* ihn.

Der Theismus beruht auf dem *Zwiespalt* von *Kopf und Herz*; der Pantheismus ist die Aufhebung dieses Zwiespaltes im *Zwiespalt* – denn er macht das göttliche Wesen nur *als transzendentes* immanent –; der Anthropotheismus *ohne Zwiespalt*. Der Anthropotheismus ist das zu *Verstand* gebrachte Herz; er spricht im Kopf nur auf Verstandesweise aus, was das Herz in seiner Weise sagt. Die Religion ist nur Affekt, Gefühl, Herz, Liebe, d.h. die Negation, *Auflösung Gottes* im Menschen. Die neue Philosophie ist daher, als die *Negation der Theologie*, welche die Wahrheit des religiösen Affektes leugnet, die *Position der Religion*. Der Anthropotheismus ist die *selbstbewußte Religion* – die Religion, *die sich selbst versteht*. Die Theologie dagegen *negiert* die Religion *unter dem Scheine*, als wenn sie sie *ponierte*.

Schelling und Hegel sind Gegensätze. Hegel repräsentiert das männliche Prinzip der Selbstständigkeit, der Selbsttätigkeit, kurz, das idealische Prinzip; Schelling das weibliche Prinzip der Rezeptivität, der Empfänglichkeit; – erst rezipierte er Fichte, dann Plato und Spinoza, endlich J. Böhme – kurz, das materialistische Prinzip. H. fehlt es an *Anschauung*, S. an *Denk-, an Bestimmungskraft*. S. ist Denker nur im *Allgemeinen*; aber wie es zur Sache kommt, im Besonderen, Bestimmten, verfällt er in den Somnambulismus der Imagination. Der Rationalismus bei S. ist nur *Schein*, der Irrationalismus *Wahrheit*. H. bringt es nur zu einer *abstrakten*, dem irrationalen Prinzip, S. nur zu einer dem rationellen Prinzip widersprechenden, *mystischen imaginären* Existenz und Realität. H. ergänzt den Mangel am Realismus durch *derbsinnliche*, S. durch *schöne* Worte. H. drückt das Ungemeine gemein, S. das Gemeine ungemein aus. H. macht die *Dinge zu bloßen Gedanken*, S. bloße *Gedanken* – z.B. die Aseität in Gott – zu *Dingen*. H. täuscht die denkenden Köpfe, S. die *nicht* denkenden. H. macht die Unvernunft zur Vernunft, S. umgekehrt die Vernunft zur Unvernunft. S. ist die Realphilosophie *im Traume*, H. schon im *Begriffe*. S. negiert das abstrakte Denken *in der Phantasie*, H. im *abstrakten Denken*. H. ist als die *Selbstnegation* des negativen Denkens, als die Vollendung der alten Philosophie der negative Anfang der neuen; S. ist die alte Philosophie *mit der Einbildung, der Illusion*, die neue Realphilosophie zu sein.

Die Hegelsche Philosophie ist die Aufhebung des Widerspruches von Denken und Sein, wie ihn insbesondere *Kant* ausgesprochen, aber wohlgemerkt! nur die Aufhebung dieses Widerspruches *innerhalb des Widerspruches* – innerhalb des *einen* Elementes – *innerhalb des Denkens*. Der *Gedanke* ist bei H. das *Sein*; – der *Gedanke* das *Subjekt*, das *Sein* das *Prädikat*. Die Logik ist das Denken im Element des Denkens oder der sich selbstdenkende Gedanke – der Gedanke als *prädikatloses Subjekt* oder der Gedanke, der *zugleich Subjekt, zugleich das Prädikat von sich* ist. Das Denken aber im Element des Denkens ist noch abstraktes; es realisiert, es entäußert sich daher. Dieser realisierte, entäußerte Gedanke ist die Natur, überhaupt das Reale, das Sein. Was ist aber das wahre Reale in diesem Realen? Der Gedanke – welcher darum auch alsbald das Prädikat der Realität wieder von sich abstreift, um seine Prädikatlosigkeit als sein wahres Wesen herzustellen. Aber deswegen ist H. nicht zum *Sein als Sein*, zum freien, selbständigen, in sich selber glücklichen Sein gekommen. H. hat die Objekte nur gedacht als *Prädikate* des sich selbst denkenden Gedankens. Der nun eingestandene Widerspruch zwischen der *seienden* und *gedachten* Religion in der Hegelschen Religionsphilosophie kommt nur daher, daß auch hier, wie anderwärts, der Gedanke zum Subjekt, der Gegenstand, die Religion aber zu einem bloßen *Prädikat* des Gedankens gemacht wird.

Wer die Hegelsche Philosophie nicht aufgibt, der gibt nicht die Theologie auf. Die Hegelsche Lehre, daß die Natur, die Realität von der Idee *gesetzt* – ist nur der *rationelle* Ausdruck von der theologischen Lehre, daß die Natur von Gott, das materielle Wesen von einem immateriellen, d.i. abstrakten Wesen geschaffen ist. Am Ende der Logik bringt es die absolute Idee sogar zu einem nebulösen »*Entschluß*«, um eigenhändig ihre Abkunft aus dem theologischen Himmel zu dokumentieren.

Die Hegelsche Philosophie ist der letzte Zufluchtsort, die letzte rationelle Stütze der Theologie. Wie einst die katholischen Theologen de facto Aristoteliker wurden, um den Protestantismus, so müssen jetzt die protestantischen Theologen de jure *Hegelianer* werden, um den »Atheismus« bekämpfen zu können.

Das wahre Verhältnis vom Denken zum Sein ist nur dieses: das *Sein* ist *Subjekt*, das *Denken Prädikat*. Das Denken ist aus dem Sein, aber das Sein nicht aus dem Denken. Sein ist aus sich und durch sich – Sein wird nur durch Sein gegeben, – Sein hat seinen Grund in sich, weil nur Sein Sinn, Vernunft, Notwendigkeit, Wahrheit, kurz alles in allem ist. – Sein ist, weil Nichtsein Nichtsein, d.h. nichts, *Unsinn* ist.

Das Wesen des Seins *als Sein* ist das Wesen der Natur. Die zeitliche Genesis erstreckt sich nur auf die Gestalten, nicht auf das Wesen der Natur.

Das Sein wird nur da vom Denken abgeleitet, wo die *wahre Einheit* von Denken und Sein *zerrissen* ist, wo man erst dem Sein seine *Seele*, sein *Wesen* durch die Abstraktion genommen und dann hintendrein wieder in dem vom Sein abgezogenen Wesen den *Sinn* und *Grund* dieses für sich selbst leeren Seins findet; gleichwie nur da die Welt aus Gott abgeleitet wird und werden muß, wo man das Wesen der Welt von der Welt willkürlich absondert.

73

Wer nach einem *besonderen* Realprinzip der Philosophie spekuliert, wie die sogenannten positiven Philosophen:

Ist wie ein *Tier* auf *dürrer Heide*
Von einem *bösen Geist* im *Kreis* herum geführt,
Und rings umher liegt *schöne, grüne Weide.*

Diese schöne, grüne Weide ist die Natur und der Mensch, denn beide gehören zusammen. Schaut die Natur an, schaut den Menschen an! Hier habt ihr die Mysterien der Philosophie vor euern Augen.

Die Natur ist das von der *Existenz ununterschiedene*, der Mensch das von der Existenz sich *unterscheidende Wesen.* Das nicht unterscheidende Wesen ist der Grund des unterscheidenden – die Natur also der Grund des Menschen.

Die neue, die allein positive Philosophie ist die *Negation aller Schulphilosophie*, ob sie gleich das Wahre derselben in sich enthält, ist die Negation der Philosophie *als einer abstrakten, partikularen*, d.h. *scholastischen* Qualität: sie hat kein *Schibolet*, keine *besondere* Sprache, keinen *besonderen* Namen, kein *besonderes* Prinzip; sie ist der *denkende*

Mensch selbst – der Mensch, der *ist* und *sich weiß* als das selbstbewußte Wesen der Natur, als das Wesen der Geschichte, als das Wesen der Staaten, als das Wesen der Religion – der Mensch, der *ist* und *sich weiß* als die *wirkliche* (nicht imaginäre) *absolute Identität* aller Gegensätze und Widersprüche, aller aktiven und passiven, geistigen und sinnlichen, politischen und sozialen Qualitäten – *weiß*, daß das *pantheistische* Wesen, welches die spekulativen Philosophen oder vielmehr Theologen vom Menschen *absonderten*, als ein *abstraktes* Wesen vergegenständlichten, nichts anderes ist als sein *eigenes*, *unbestimmtes*, aber *unendlicher Bestimmungen* fähiges Wesen.

74

Die neue Philosophie ist die *Negation* ebensowohl des *Rationalismus*, als des *Mystizismus*, ebensowohl des *Pantheismus*, als des *Personalismus*, ebensowohl des *Atheismus*, als des *Theismus*; sie ist die *Einheit aller dieser antithetischen Wahrheiten* als eine *absolut selbständige* und *lautere Wahrheit*.

Die neue Philosophie hat sich bereits als Religionsphilosophie ebenso *negativ als positiv* ausgesprochen. Man darf nur die *Konklusionen* ihrer Analyse zu *Prämissen* machen, um in ihnen die Prinzipien einer positiven Philosophie zu erkennen. Aber die neue Philosophie buhlt nicht um die Gunst des Publikums. Ihrer selbst gewiß, verschmäht sie es, das zu *scheinen*, was sie ist; muß aber eben deswegen unserer Zeit, welcher in den wesentlichsten Interessen der Schein für Wesen, die Illusion für Realität, der Name für die Sache gilt, das *sein*, was sie *nicht* ist. So ergänzen sich die. Gegensätze! Wo das *Nichts* für *Etwas*, die *Lüge* für *Wahrheit* gilt. da muß konsequenterweise das *Etwas* für *Nichts*, die *Wahrheit* für *Lüge* gelten. Und wo man – komischerweise gerade in dem Moment, wo die Philosophie in einem entscheidenden, universalen *Selbstenttäuschungsakt* begriffen ist – den bisher unerhörten Versuch macht, eine Philosophie lediglich auf die *Gunst* und *Meinung* des *Zeitungspublikums* zu gründen, da muß man auch ehrlicher und christlicher Weise philosophische Werke nur dadurch *zu widerlegen* suchen, daß man sie in der Augsburger Allgemeinen Zeitung beim Publikum *verleumdet*. O wie ehrbar, wie sittlich sind doch die öffentlichen Zustände Deutschlands!

75

Ein neues Prinzip tritt immer mit einem *neuen Namen* auf; d.h. es erhebt einen Namen aus einem niedrigen, zurückgesetzten Stand in den Fürstenstand – macht ihn zur Bezeichnung des Höchsten. Wenn man den Namen der neuen Philosophie, den Namen Mensch mit *Selbstbewußtsein übersetzt*: so legt man die neue Philosophie im Sinne der alten aus, versetzt sie wieder auf den alten Standpunkt zurück, denn das Selbstbewußtsein der alten Philosophie *als abgetrennt vom Menschen* ist eine *Abstraktion ohne Realität*. Der Mensch *ist* das Selbstbewußtsein.

Der Sprache nach ist der Name Mensch wohl ein besonderer, aber der Wahrheit nach der Name aller Namen. Dem Menschen gebührt das Prädikat *polyônymos*. Was der Mensch auch immer nennt und ausspricht – immer spricht er sein eigenes Wesen aus. Die Sprache ist daher das Kriterium, wie hoch oder wie niedrig der Grad der Bildung der Menschheit. Der Name Gottes ist nur der Name dessen, was dem Menschen für die höchste Kraft, das höchste Wesen, d.h. für das höchste Gefühl, den höchsten Gedanken gilt.

Der Name Mensch bedeutet insgemein nur den Menschen mit seinen Bedürfnissen, Empfindungen, Gesinnungen – den Menschen als Person, im Unterschied von seinem Geist, überhaupt seinen allgemeinen öffentlichen Qualitäten – im Unterschied z.B. vom Künstler, Denker, Schriftsteller, Richter, gleich als wäre es nicht eine *charakteristische, wesentliche Eigenschaft des Menschen*, daß er Denker, daß er Künstler, daß er Richter usw. ist, gleich als wäre der Mensch in der Kunst, in der Wissenschaft usw. *außer sich*. Die spekulative Philosophie hat diese Absonderung der wesentlichen Qualitäten des Menschen vom Menschen theoretisch fixiert und dadurch lauter abstrakte Qualitäten als selbständige Wesen vergöttert. So heißt es z.B. im Hegelschen Naturrecht § 190: »Im Rechte ist der Gegenstand die *Person*, im moralischen Standpunkt das *Subjekt*, in der Familie das Familienglied, in der bürgerlichen Gesellschaft überhaupt der Bürger (als bourgeois), hier auf dem Standpunkt der Bedürfnisse ist es das Konkretum der *Vorstellung* (?), das man *Mensch* nennt, es ist also erst hier und auch eigentlich nur hier vom Menschen in diesem Sinne die Rede.« In *diesem* Sinne: also handelt es sich auch, wenn die Rede ist vom Bürger, vom Subjekt, vom Familienglied, von der Person, in Wahrheit immer nur von dem *einen* und *selben* Wesen, den Menschen, nur in einem anderen Sinne, nur in einer anderen Qualität.

Alle Spekulation über das Recht, den Willen, die Freiheit, die Persönlichkeit ohne den Menschen, außer dem oder gar über dem Menschen ist eine Spekulation *ohne Einheit, ohne Notwendigkeit, ohne Substanz, ohne Grund, ohne Realität.* Der Mensch ist die Existenz der Freiheit, die Existenz der Persönlichkeit, die Existenz des Rechtes. Nur der Mensch ist der *Grund* und *Boden* des Fichteschen Ichs, der *Grund* und *Boden* der Leibnizschen Monade, der *Grund* und *Boden* des Absoluten.

Alle Wissenschaften müssen sich auf die *Natur* gründen. Eine Lehre ist so lange nur eine *Hypothese,* so lange nicht ihre *natürliche Basis* gefunden ist. Dieses gilt insbesondere von der *Lehre der Freiheit.* Nur der neuen Philosophie wird es gelingen, die Freiheit, die bisher eine *anti- und supranaturalistische Hypothese* war, *zu naturalisieren.*

Die Philosophie muß sich wieder mit der Naturwissenschaft, die Naturwissenschaft mit der Philosophie verbinden. Diese auf gegenseitiges Bedürfnis, auf innere Notwendigkeit gegründete Verbindung wird dauerhafter, glücklicher und fruchtbarer sein, als die *bisherige Mesalliance* zwischen der Philosophie und der Theologie.

Der Mensch ist das *Hen kai pan* des Staates. Der Staat ist die realisierte, ausgebildete, explizierte Totalität des menschlichen Wesens. Im Staat werden die wesentlichen Qualitäten oder Tätigkeiten des Menschen in besonderen Ständen verwirklicht, aber in der Person des Staatsoberhauptes wieder zur Identität zurückgeführt. Das Staatsoberhaupt hat alle Stände ohne Unterschied zu vertreten; vor ihm sind sie alle gleich notwendig, gleich berechtigt. Das Staatsoberhaupt ist der Repräsentant des universalen Menschen.

Die christliche Religion hat den Namen des Menschen mit dem Namen Gottes in den einen Namen des Gottmenschen verbunden – den Namen des Menschen also zu einem Attribut des höchsten Wesens erhoben. Die neue Philosophie hat der Wahrheit gemäß dieses Attribut zur Substanz, das Prädikat zum Subjekt gemacht – die neue Philosophie ist die *realisierte Idee – die Wahrheit* des Christentums. Aber eben weil sie das *Wesen* des Christentums in sich hat, gibt sie den *Namen* des Christentums auf. Das Christentum hat die Wahrheit nur *im Widerspruch mit der Wahrheit* ausgesprochen. Die widerspruchslose, reine, unverfälschte Wahrheit ist eine *neue Wahrheit* – eine *neue, autonomische* Tat der Menschheit.

Über das »Wesen des Christentums« in Beziehung auf den »Einzigen und sein Eigentum«[1]

Feuerbach, sagt der Einzige, gibt uns nur eine theologische Befreiung von der Theologie und Religion; er hebt nur Gott, das *Subjekt*, auf, aber läßt das Göttliche, läßt die Prädikate Gottes unangefochten bestehen. Allerdings läßt er sie bestehen, aber er *muß* sie auch bestehen lassen, sonst könnte er ja nicht einmal die Natur und den Menschen bestehen lassen; denn Gott ist ein aus allen Realitäten, d.i. Prädikaten der Natur und Menschheit zusammengesetztes Wesen: Gott ist Licht, Leben, Kraft, Schönheit, Wesen, Verstand, Bewußtsein, Liebe, kurz *alles*. Was bleibt also übrig, wenn nicht einmal mehr die Prädikate Gottes bleiben sollen? Aber warum soll denn überhaupt etwas übrig bleiben? Das ist ja eben ein Zeichen von der Religiosität, von der »Gebundenheit« Feuerbachs, daß er noch in einen »*Gegenstand*« vernarrt ist, daß er noch *etwas* will, *etwas* liebt – ein Zeichen, daß er sich noch nicht zum absoluten Idealismus des »Egoismus« emporgeschwungen hat. »Ich hab' mein Sach auf nichts gestellt«, singt der Einzige. Aber ist denn nicht auch das *Nichts* ein Prädikat Gottes, nicht auch der Satz: Gott ist nichts, ein Ausspruch des religiösen Bewußtseins[2]? So hat also der »Egoist« doch auch noch seine Sache auf *Gott* gestellt! So gehört also auch er noch zu den »*frommen Atheisten*!«

Wie läßt Feuerbach die Prädikate bestehen? – Darauf allein kommt es an. So, wie sie Prädikate Gottes sind? Nein! So wie sie Prädikate der Natur und Menschheit – natürliche, menschliche Eigenschaften sind. Werden sie aus Gott in den Menschen versetzt, so verlieren sie eben

1   Ich bemerke bei dieser Überschrift, daß ich hier, wie anderwärts, nicht meine *Schrift als Schrift* im Auge habe und in Schutz nehme. Ich stehe in einem höchst *kritischen* Verhältnis zu meiner Schrift; ich habe es immer nur mit ihrem Gegenstand, ihrem Wesen, ihrem *Geist* zu tun. Die Beschäftigung mit ihrem Buchstaben überlasse ich den *Kindern* Gottes oder des Teufels.

2   Der Satz: Gott ist nichts oder das Nichts findet sich bekanntlich nicht nur in orientalischen Religionen, sondern auch bei christlichen Mystikern und Schwärmern.

den Charakter der Göttlichkeit, d.h. der Überschwänglichkeit, der ihnen nur zukommt in der *Entfernung* vom Menschen – in der Abstraktion, in der Phantasie; sie werden durch diese Versetzung aus dem mystischen Dunkel des religiösen Gemütes an das helle Tageslicht des menschlichen Bewußtseins populär, »gemein«, »profan«. Worauf beruht die Macht der irdischen Majestät? Lediglich auf der Macht *der* Meinung, *der* Einbildung, daß die Person der Majestät ein ganz *besonderes* Wesen ist. Setze ich dagegen die Person oder das Subjekt der Majestät in Gedanken oder noch besser in der sinnlichen Anschauung auf gleichen Fuß mit mir, vergegenwärtige ich mir, daß dasselbe ebensogut Mensch ist als irgendein anderer gemeiner Mensch, so verschwindet mir auch die Majestät selbst in nichts. Mit der himmlischen Majestät ist es nun ebenso. Nur Gott als Subjekt ist der Status quo aller religiösen Prädikate; nur als Prädikate eines höchsten, d.i. übertriebenen, überspannten Wesens, folglich nur als selbst auf den höchsten Grad gesteigerte, überspannte, hyperlogische Prädikate sind sie *andere* Prädikate als die meinigen, Prädikate über mir, d.h. über dem Menschen. Wer daher das Subjekt aufhebt, hebt eo ipso auch die Prädikate auf (versteht sich: als *theologische* Prädikate), denn das Subjekt ist ja in der Tat nichts anderes als das als Subjekt gedachte, vorgestellte Prädikat.

»F. sagt aber selbst, es handle sich bei ihm nur um die Vernichtung einer Illusion«, ja; aber einer Illusion, mit der alle Illusionen, alle Vorurteile, alle – unnatürlichen – Schranken des Menschen wegfallen, *wenn auch nicht auf den ersten Augenblick*; denn die Grundillusion, das Grundvorurteil, die Grundschranke des Menschen ist Gott als Subjekt. Wer aber seine Zeit und Kraft auf die Auflösung der Grundillusion und Grundschranke verwendet, dem kann man nicht zumuten, zugleich auch die abgeleiteten Illusionen und Schranken aufzulösen.

Was heißt: »Der Mensch ist der *Gott* des Menschen?« Heißt das soviel als: er ist Gott im Sinne eines vom Menschen unterschiedenen, über dem Menschen stehenden Wesens, kurz indem Sinne, in welchem es für die Religion, Theologie und spekulative Philosophie einen Gott gibt? F. zeigt ja eben, daß die Religion sich nicht selbst versteht, die spekulative Philosophie und Theologie aber sie falsch verstehen; er zeigt, daß der Glaube an Gott – in Wahrheit natürlich, nicht in der Einbildung und Reflexion des Gottesgläubigen – nur der Glaube des

Menschen an sich ist, er zeigt also, daß das Göttliche *nicht* Göttliches, Gott *nicht* Gott, sondern nur das, und zwar im höchsten Grade, sich selbst liebende, sich selbst bejahende und anerkennende menschliche Wesen ist; denn der Mensch anerkennt nur einen Gott, welcher den Menschen anerkennt, und zwar so, als er, der Mensch, sich selbst anerkennt. Anerkenne ich z.B. nicht den Leib, trenne ich ihn ab von mir, fühle ich die leiblichen Bedürfnisse und Verrichtungen als Schranken, als Widerspruch mit mir, verwerfe ich mit *einem* Worte den Leib, so sehne ich mich nach der Entleibung und preise das leiblose Wesen als das wahre, selige, herrliche, höchste, d.i. göttliche Wesen. Was ich *nicht* bin, aber zu sein wünsche und zu werden mich bestrebe, das ist mein Gott. Gott, sagt daher F., ist nichts anderes, als das die Wünsche des Menschen erfüllende, das seine Bedürfnisse – sie seien nun welcher Art sie wollen – befriedigende Wesen. Wenn Du also einen Kranken oder auch nur einen von »fixen Ideen Besessenen« heilst, wenn Du einen Hungrigen mit Speise erquickst, so bist Du ihm, prosaisch ausgedrückt, ein Wohltäter oder wohltätiger Mensch, poetisch ausgedrückt: – ein *Gott*, denn was dem Menschen *wohlgefällt* (Wesen des Christentums S. 93) und *wohltut* (S. 520), das nennt er panegyrisch Gott. Religion ist Affekt, ist Poesie; voilà tout. Der Satz: der Mensch ist der Gott, das höchste Wesen des Menschen, ist daher identisch mit dem Satz: es ist kein Gott, kein höchstes Wesen im Sinne der Theologie. Aber dieser letzte Satz ist nur der atheistische, d.i. *negative*, jener der praktische und religiöse, d.i. *positive* Ausdruck.

181

F.s »theologische Ansicht« besteht darin, daß er »Uns in ein *wesentliches* und *unwesentliches* Ich spaltet« und »die Gattung, *den* Menschen, ein Abstraktum, eine Idee als unser wahres Wesen im Unterschiede von dem wirklichen individuellen Ich als dem unwesentlichen hinstellt.« – »Einziger!« hast Du das Wesen des Christentums *ganz* gelesen? Unmöglich; denn was ist gerade das Thema, der Kern dieser Schrift? Einzig und allein die Aufhebung der Spaltung in ein wesentliches und unwesentliches Ich – die Vergötterung, d.h. die Position, die Anerkennung des *ganzen* Menschen vom Kopfe bis zur Ferse. Wird denn nicht ausdrücklich am Schlusse die Gottheit des *Individuums* als das aufgelöste Geheimnis der Religion ausgesprochen? Heißt es nicht sogar: »*Essen und Trinken ist ein göttlicher Akt?*« Ist aber Essen und Trinken ein Akt einer Idee, eines Abstraktum? Die einzige Schrift, in welcher das

Schlagwort der neueren Zeit, die Persönlichkeit, die Individualität aufgehört hat, eine *sinnlose Floskel* zu sein, ist gerade das Wesen des Christentums, denn nur die *Negation Gottes* (des abstrakten, unendlichen Wesens als des wahren Wesens) ist die *Position des Individuums*, und nur die *Sinnlichkeit* der wohlgetroffne *Sinn* der Individualität. Dadurch eben unterscheidet sich auch diese Schrift F.s *wesentlich* von allen seinen früheren Schriften, daß er erst in ihr zur *Wahrheit* der Sinnlichkeit vorgedrungen ist, erst in ihr das absolute Wesen als sinnliches Wesen, das *sinnliche Wesen als absolutes Wesen* erfaßt hat. Um sich hiervon zu überzeugen, vergleiche man nur z.B. die Bedeutung des Wunders im Bayle mit der im Wesen des Christentums. Allerdings wird auch hier wie dort, was sich von selbst versteht, die Ungereimtheit des Wunders im Sinne der Theologie nachgewiesen, aber während es im Bayle als widersprechend mit dem göttlichen Wesen, wird es hier als übereinstimmend mit demselben dargestellt, weil dort Gott noch als abstraktes, vom Menschen unterschiedenes Vernunftwesen, hier aber als das in seiner Totalität sich selbst befriedigende menschliche Wesen gefaßt und die wahre Bedeutung des Wunders eben darin gesetzt wird, nichts weiter als die – freilich nur supranaturalistische und sofern unvernünftige – Befriedigung eines menschlichen, sinnlichen Wunsches oder Bedürfnisses zu sein.

F. hat sich in seiner Schrift keine andere Aufgabe gestellt, als Gott oder die Religion auf ihren menschlichen Ursprung zurückzuführen und durch diese Reduktion im Menschen theoretisch und praktisch aufzulösen. Die Religion stellt aber des Menschen eigenes Wesen oder das vom Menschen abstrahierte Wesen als ein außer- und übermenschliches Wesen vor. F. mußte also diese Zerspaltung in Gott und Mensch auf innerhalb des Menschen selbst stattfindende Unterschiede zurückführen; – wie wäre auch die Religion erklärbar, wenn gar kein Unterschied zwischen Ich oder Selbstbewußtsein und Wesen oder Natur im Menschen stattfände? – er mußte daher *die* psychologischen Zustände, welche eben den Menschen bestimmten, sein Wesen, seine Eigenschaften als göttliche Mächte von sich zu unterscheiden und über sich zu setzen, die Zustände der Begeisterung, der Leidenschaft, der Versenkung, des Außersichseins zum Ausgangspunkt seines Themas nehmen. Der wohlweise Kritiker beachte also, daß die Einleitung zum Wesen des Christentums, wo insbesondere die Mächte »im Menschen über dem Menschen« hervorgehoben werden, nicht eine Einleitung ist zu einer philosophischen Abhandlung über das Verhältnis der menschlichen Prädikate zum menschlichen Subjekt oder des menschlichen Wesens zum menschlichen Ich, sondern eben eine Einleitung zum Wesen des Christentums, d.h. zum Wesen der Religion. Kann man aber der Ouvertüre zur Zauberflöte deswegen einen Vorwurf machen, daß sie nur die Ouvertüre zur Zauberflöte, nicht auch zum Don Juan ist?

Das Individuum ist dem F. das absolute, d.i. *wahre, wirkliche* Wesen. Warum sagt er aber nicht: *dieses* ausschließliche Individuum? Darum, weil er dann nicht wüßte, was er will – auf den Standpunkt, welchen er negiert, den Standpunkt der Religion zurücksinken würde. Darin besteht eben gerade, wenigstens in dieser Beziehung, das Wesen der Religion, daß sie aus einer Klasse oder Gattung ein *einziges* Individuum auswählt und als heilig, unverletzlich den übrigen Individuen gegenüberstellt. *Dieser* Mensch, dieser »Einzige«, »Unvergleichliche«, dieser Jesus Christus ausschließlich und allein ist Gott, *diese* Eiche, *dieser* Ort, *dieser* Hain, *dieser* Stier, *dieser* Tag ist heilig, nicht die übrigen. Eine Religion aufheben heißt darum nichts anderes, als die Identität ihres geheiligten Gegenstandes oder Individuums mit den anderen profanen Individuen derselben Gattung nachweisen. Diesen Beweis lieferte schon der h. Bonifacius unseren Vorfahren, als er die göttliche Eiche zu Geißmar fällte. Und so kannst Du denn auch den Standpunkt des Christentums, dessen. Wesen sich in dem Satze erschöpft: Ich, dieses ausschließliche, unvergleichliche Individuum bin, wenn auch nicht jetzt, doch meiner himmlischen Bestimmung nach, *Gott* – gleichgültig, wie Gott bestimmt wird: ob abstrakt als vollkommenes moralisches oder mystisch als phantastisch sinnliches Wesen – nur dadurch aufheben, daß Du dieses unvergleichliche Individuum aus dem blauen Dunst seines supranaturalistischen Egoismus in die profane sinnliche Anschauung versetzest, welche Dir zwar seinen individuellen Unterschied, aber auch zugleich *unverkennbar, unverleugbar* seine Identität mit den anderen Individuen, seine *Gemeinheit* vergegenwärtigt. Gib dem einzelnen Individuum nicht weniger, als ihm gebührt, aber auch nicht mehr. So nur befreist Du Dich von den Ketten des Christentums. Individuum sein, heißt zwar allerdings »Egoist« sein, es heißt aber auch zugleich, und zwar nolens volens, *Kommunist* sein. Nimm die Dinge, wie sie sind, d.h. nimm Dich selbst, wie Du bist, denn wie Du die Dinge nimmst, so nimmst Du Dich und umgekehrt. Schlage Dir den »Einzigen« im Himmel, aber schlage Dir auch den »Einzigen« auf Erden aus dem Kopfe!

Folge den Sinnen! Wo der Sinn anfängt, hört die Religion und hört die Philosophie auf, aber Du hast dafür die schlichte, blanke Wahrheit. Hier steht vor Deinen Augen eine weibliche Schönheit; Du rufst entzückt aus: sie ist unvergleichlich schön. Aber siehe! dort steht zugleich vor denselben Augen eine männliche Schönheit. Wirst Du nun nicht *notwendig* beide miteinander vergleichen? Und wenn Du es nicht tust, um auf Deiner Unvergleichlichkeit hartnäckig zu bestehen, werden sich die beiden Schönheiten nicht selbst miteinander vergleichen, werden sie sich nicht wundern über ihre Gleichheit trotz des Unterschiedes, über ihren Unterschied trotz der Gleichheit? Werden sie nicht unwillkürlich einander zurufen: Du bist, »*was*« ich bin, und endlich im *Namen des Menschen* ihre Ausschließlichkeit durch gegenseitige Umschließungen widerlegen? »Ich liebe nur diese Einzige«, sagt der Einzige. Ich auch, ob ich gleich ein ganz kommuner Mensch bin. Aber ist dieses einzige Weib, das Du liebst, eine Äffin, eine Eselin, eine Hündin, ist es nicht ein *menschliches* Weib? »Ich bin mehr als Mensch«, sagt der Einzige. Bist Du aber auch mehr als Mann? Ist Dein Wesen oder vielmehr – denn das *Wort*: Wesen verschmäht der »Egoist«, ob es gleich dasselbe sagt – Dein Ich nicht ein *männliches*? Kannst Du die Männlichkeit absondern selbst von dem, was man Geist nennt? Ist nicht Dein Hirn, das heiligste, höchstgestellte Eingeweide des Leibes ein männlich bestimmtes? sind Deine Gefühle. Deine Gedanken unmännliche? Bist Du aber ein *tierisches Männchen*, ein Hund, ein Affe, ein Hengst? Was anderes ist also Dein »einziges, unvergleichliches«, Dein folglich geschlechtsloses Ich, als ein unverdauter Rest des alten christlichen Supranaturalismus?

Folge den Sinnen! Du bist durch und durch Mann – das Ich, das Du in Gedanken von Deinem sinnlichen, männlichen Wesen absonderst, ist ein Produkt der Abstraktion, das eben so viel oder so wenig Realität hat als die platonische Tischheit im Unterschiede von den wirklichen Tischen. Aber als Mann beziehst Du Dich *wesentlich, notwendig* auf ein *anderes* Ich oder Wesen – auf das Weib. Wenn ich also Dich als

Individuum anerkennen will, so muß ich meine Anerkennung nicht nur auf Dich allein beschränken, sondern zugleich über Dich hinaus auf Dein Weib ausdehnen. Die Anerkennung des Individuums ist notwendig die Anerkennung von wenigstens *zwei* Individuen. Zwei hat aber keinen Schluß und Sinn; auf zwei folgt drei, auf das Weib das Kind Aber nur ein *einziges, unvergleichliches* Kind? Nein! Die Liebe treibt Dich unaufhaltsam über dieses eine hinaus. Selbst schon der Anblick des Kindes ist so lieblich, so mächtig, daß er das Verlangen nach mehreren seinesgleichen unwiderstehlich in Dir erzeugt. Eines will überhaupt nur der Egoismus, aber vieles die Liebe. Allerdings entzieht nun die Liebe durch die Vielheit der Kinder dem Erstgeborenen den göttlichen, monotheistischen Rang und Titel der Einzigkeit und Unvergleichlichkeit, aber wäre die Liebe, die sich nur auf dieses Einzige beschränken wollte, nicht Filzigkeit und Lieblosigkeit gegen andere mögliche Kinder, nicht sogar Lieblosigkeit gegen dieses einzige Kind, welches doch selbst bald seine Einzigkeit satt bekommen und sich nach einem Schwesterchen oder Brüderchen sehnen würde? Wie kannst Du also einem Schriftsteller den Vorwurf machen, daß er das Individuum nicht anerkennt, wenn er es so anerkennt, wie die Liebe es anerkennt? wie ihn der Abstraktion beschuldigen, wenn er nach dem Vorbild der Liebe, welche, ob sie gleich die höchste und tiefste Anerkennung des Individuums ausdrückt, doch nicht bei diesem einzigen Individuum mit Ausschluß aller anderen stehen bleibt, auch nicht auf dieses einzige und unvergleichliche Individuum sich beschränkt, sondern seine Gedanken und Gesinnungen auf die *Gattung*, d.h. die *anderen* Individuen ausdehnt? Die Gattung bedeutet nämlich bei F. nicht ein Abstraktum, sondern nur dem einzelnen für sich selbst fixierten Ich gegenüber das Du, den anderen, überhaupt die außer mir existierenden menschlichen Individuen. Wenn es daher bei F. z.B. heißt: Das Individuum ist beschränkt, die Gattung unbeschränkt, so heißt das nichts anderes als: die Schranken dieses Individuums sind nicht auch die Schranken der anderen, die Schranken der gegenwärtigen Menschen deswegen noch nicht die Schranken der zukünftigen Menschen.[3]

3 Relativ, *für mich* als diesen Menschen ist allerdings, und zwar notwendig, die Gattung nur ein Abstraktum, nur ein Gedanke, obwohl sie *an sich selbst* sinnliche Existenz hat. So sind z.B. die vergangenen Menschen, obwohl an sich einst wirkliche, sinnliche Wesen, für mich nur Gedanken-

Der Gedanke der Gattung in diesem Sinne ist für das einzelne Individuum, – und jeder ist ein Einzelner –, ein notwendiger, unentbehrlicher. »Wir sind allzumal vollkommen«, sagt der Einzige wahr und schön; aber gleichwohl fühlen wir uns beschränkt und unvollkommen, weil wir uns notwendig – notwendig, denn wir sind nun einmal reflektierende Wesen – nicht nur mit anderen vergleichen, sondern auch mit uns selbst, indem wir das, was wir geworden sind, mit dem, was wir werden konnten, unter anderen Verhältnissen vielleicht wirklich geworden wären, zusammenhalten. Wir fühlen uns aber nicht nur moralisch, wir fühlen uns selbst auch sinnlich, räumlich und zeitlich beschränkt; wir, diese Individuen, sind ja nur an diesem bestimmten Orte, in dieser beschränkten Zeit. Wo sollen wir uns nun von diesem Beschränktheitsgefühl erlösen, wenn nicht in dem Gedanken der unbeschränkten

Gattung, d.h. in dem Gedanken anderer Menschen, anderer Orte, anderer glücklicherer Zeiten? Wer die Gattung daher nicht an die Stelle der Gottheit setzt, der läßt in dem Individuum eine Lücke, die sich notwendig wieder durch die Vorstellung eines Gottes, d.h. des personifizierten Wesens der Gattung ausfüllt. Nur die Gattung ist imstande, die Gottheit, die Religion aufzuheben zugleich und zu ersetzen. Keine Religion haben, heißt: *nur an sich selbst* denken; Religion haben: *an andere* denken. Und diese Religion ist die allein bleibende, wenigstens so lange, als nicht ein »einziger« Mensch nur auf Erden ist; denn so, wie wir nur *zwei* Menschen, wie Mann und Weib, haben, so haben wir auch schon Religion. Zwei, Unterschied ist der Ursprung der Religion – das Du der Gott des Ich, denn Ich bin nicht ohne Dich; ich hänge vom Du ab; kein Du – kein Ich.

Der Mann ist die *Vorsehung* des Weibes, das Weib die Vorsehung des Mannes, der Wohltäter die Vorsehung des Notleidenden, der Arzt die Vorsehung des Kranken, der Vater die Vorsehung des Kindes. Der Helfer muß *mehr* sein und mehr haben – wenigstens in der Beziehung, worin er Hilfe leistet – als der Hilfsbedürftige. Wer selbst Not leidet,

wesen oder Wesen der Vorstellung. Doch über diesen Gegenstand bei einer anderen Gelegenheit. Übrigens verstehe ich unter Gattung auch die *Natur* des Menschen; eine Bedeutung, die mit der anderen aber aufs innigste zusammenhängt, denn die Natur des Menschen existiert ja nur in dem Gegensatz von Ich und Du, Mann und Weib.

wie kann er anderen Notleidenden helfen? Nein! Wer mich aus dem Morast herausziehen will oder soll, der muß *über* dem Morast, muß *»über mir«* stehen. Was ist denn nun aber dieses über mir stehende Wesen? Ist es ein anderes, fremdes Wesen? Ist es mir im Gegenteil nicht so nahe, als mein eigenes Herz, mein eigenes Auge, mein eigener Arm? Ist es nicht im strengsten Sinne mein *»anderes Ich?«* Es tut ja nur, was ich selbst tun will, im Zustand der Freiheit, Gesundheit, Selbständigkeit auch wirklich selbst tue, aber jetzt nur nicht tun kann. Bin ich lahm, so sind des andern Arme und Beine meine Bewegungsorgane; bin ich blind, so sind seine Augen meine Führer; bin ich Kind, so ist des Vaters Wille und Verstand mein Wille und Verstand, mein Fürmichsein, denn als Kind bin ich in vielen Fällen wider und ohne Wissen und Willen *wider* mich selbst. So ist der Mensch der *Gott* des Menschen! Und nur durch diesen *menschlichen* Gott kannst du den un- und außermenschlichen *überflüssig* machen.

Was heißt die »Gattung realisieren?« Eine Anlage, eine Fähigkeit, eine Bestimmung überhaupt der menschlichen Natur verwirklichen. Die Raupe ist ein Insekt, aber noch nicht das ganze Insekt; in Beziehung auf sich ist sie wohl vollkommen, ist sie, was sie sein soll und sein kann; aber gleichwohl steckt trotz ihres selbstgenügsamen Egoismus noch etwas *»in ihr über ihr«*, was erst werden soll und kann – der Schmetterling. Erst der Schmetterling ist das erschöpfte, vollständig verwirklichte Insekt. Ähnliche Metamorphosen finden wie im Leben der Menschheit, so im Leben des einzelnen Menschen statt. Wenn daher der Mensch aus dem Knabenalter ins Jünglingsalter, aus der Schule zum Leben, aus dem Sklavenzustand zur Freiheit, aus der Indifferenz gegen das Geschlecht zur Liebe übergeht, so ruft er unwillkürlich bei allen diesen und ähnlichen Übergängen aus: Jetzt erst bin ich *Mensch* geworden, weil er jetzt erst *vollständiger* Mensch geworden ist, jetzt erst einen wesentlichen, bisher unbekannten oder gewaltsam unterdrückten Trieb seiner Natur befriedigt hat.

So notwendig die Unterscheidung zwischen Ich und Du, zwischen Individuum und Gattung ist, so notwendig ist selbst *innerhalb eines und desselben* Individuums die Unterscheidung zwischen dem Notwendigen und Veräußerlichen, Individuellen im Sinne des Zufälligen, dem Wesentlichen und Unwesentlichen, dem Näheren und Entfernteren, dem

189

190

Höheren und Niederen. Folge den Sinnen! Das räumlich Höchstgestellte ist auch das qualitativ Höchste am Menschen, das ihm Nächste, das nicht mehr von ihm Unterscheidbare – dieses ist der *Kopf.* Wenn ich den Kopf eines Menschen sehe, so sehe ich ihn selbst; wenn ich aber nur seinen Rumpf sehe, so sehe ich eben nichts weiter als seinen Rumpf. Wenn ich meine Hände und Füße verliere, so bin ich allerdings ein unvollständiger, mangelhafter, unglücklicher Mensch, allein ich kann doch noch ohne sie als Mensch existieren; wenn ich aber meinen Kopf verliere, so bin Ich selbst weg. Es gibt also einen wesentlichen Unterschied zwischen Mein und Mein: – anders ist das Meinige, welches weg sein kann, ohne daß *Ich* weg bin, anders das Meinige, welches *nicht* weg sein kann, ohne daß ich zugleich weg bin – einen Unterschied, den man nicht aufheben kann, ohne seinen Kopf zu verlieren. Wenn daher der »Einzige« deswegen den F. tadelt, daß er mit dem theologischen supranaturalistischen »*Über*« nicht auch zugleich das selbst organisch begründete Über und Unter *im Menschen* aufgehoben habe, so tadelt er ihn nur deswegen, daß er nicht, wie der »Einzige« und Andere aus Desparation über den unersetzlichen Verlust der Theologie *seinen Kopf verloren* hat.

Wenn ich heute in meinen Ausgaben und Genüssen mich beschränke, um morgen auch noch etwas zu leben zu haben, bin *Ich nicht selbst* die Vorsehung, die »über mir«, diesem heutigen Egoisten, welcher dem *anderen*, dem morgigen Menschen aus Genußsucht so gerne nichts übrig lassen möchte, maßgebend wacht und waltet? Und wenn ich auf das Krankenlager tatlos dahingestreckt bin, setze ich nicht, sei's nun in der Erinnerung an die verlorene Gesundheit oder in der Hoffnung der Wiedergenesung mich, den Gesunden, so hoch *über mich*, den Kranken, als nur immer die unsterblichen Götter über den sterblichen Menschen stehen? Und wenn ich vergehe vor Gram und Ärger über einer leidenschaftlichen, unheilvollen Handlung, stehe ich als Kritiker, als Richter nicht über mir, dem Täter, dem »armen Sünder«? Und wenn ich in der Schöpfung eines Werkes begriffen bin, verwende ich nicht alle mir zu Gebote stehenden Kräfte auf dasselbe, glaube ich nicht daher, daß dieses Werk mein Testament ist, daß ich in ihm mein ganzes Vermögen der Welt vermache, daß ich hier an der Grenze meiner Entwicklung, meiner Zeugungskraft stehe? Wenn ich nun aber fertig bin mit dem Werke, habe ich nicht jetzt mich, den Schöpfer dieses Werkes, welcher vor kurzem noch mein Höchstes, mein non plus ultra war, bereits *hinter* und *unter* mir? Blicke ich jetzt nicht vielleicht sogar mit Geringschätzung auf das Werk und dessen Verfasser herab? So besteht das menschliche Leben selbst innerhalb eines und desselben Individuums in einem beständigen Wechsel, der bald das Unterste zu oberst, bald das Oberste zu unterst kehrt! Bin ich hungrig und durstig, so geht mir *nichts über* den Genuß von Speise und Trank, nach der Mahlzeit nichts über die Ruhe, nach der Ruhe nichts über die Bewegung oder Tätigkeit, nach dieser nichts über die Unterhaltung mit Freunden, nach vollbrachtem Tagewerk endlich feiere ich den Bruder des Todes, den Schlaf als das höchste, wohltätigste Wesen. So hat also jeden Augenblick des Lebens der Mensch etwas, aber nota bene! *Menschliches über sich.* Nur, wo er aufhört zu sein oder, was eins ist, sein Bewußtsein verliert, hört er auch auf, etwas *über sich* zu setzen. Was *vor* mir ist, setze ich *über mich*, was *hinter mir, unter* mich; vor 192 mir aber ist, und zwar jeden Augenblick, die noch unerschöpfte, unverbrauchte, hinter mir die bereits verbrauchte, entäußerte Denk- und Lebenskraft. Was ich aber sein und tun kann, steht mir als ein noch Unerreichtes notwendig über dem, was ich bereits bin und tue – daher die Menschen immer mehr sein und haben wollen, als sie sind und haben. Selbst die kommenden, während einer Arbeit notwendig hervorzubringenden Gedanken schweben so lange *über* mir, wie die Wolken am Himmel, bis sie sich *unter* meinen Augen als tropfbare Flüssigkeit niedergeschlagen haben.

»F. *flüchtet* aus dem Glauben in die Liebe.« O wie falsch! F. begibt sich mit festen, sicheren Schritten aus dem Reich der spekulativen und religiösen Träume in das Land der Wirklichkeit, aus dem abstrakten Wesen des Menschen in das wirkliche *ganze* Wesen desselben, aber die Liebe allein für sich erschöpft nicht das ganze Wesen des Menschen. Zum Lieben gehört auch Verstand, das »Gesetz der Intelligenz«; eine verstandlose Liebe unterscheidet sich in ihren Wirkungen und Handlungen nicht vom Haß, denn sie weiß nicht, was nützlich oder schädlich, zweckmäßig oder zweckwidrig ist. Warum hebt aber F. so die Liebe hervor? Weil es keinen anderen praktischen und organischen, durch den Gegenstand selbst dargebotenen Übergang vom Gottesreich zum Menschenreich gibt als die Liebe, denn die Liebe ist der praktische Atheismus, die Negation Gottes im Herzen, in der Gesinnung, in der Tat. Das Christentum *nennt* sich die Religion der Liebe, *ist* aber nicht die Religion der Liebe, sondern die Religion des supranaturalistischen, geistlichen Egoismus, gleichwie das Judentum die Religion des weltlichen, irdischen Egoismus ist. F. mußte daher das Christentum beim Wort nehmen, d.h. das Wort zur Sache, den Schein zum Wesen machen.

Nimmt F. die Liebe in einem der wirklichen Liebe widersprechenden, phantastischen, supranaturalistischen Sinne – in dem Sinne, in welchem sie von aller Selbstliebe frei sein soll? Nein! »Kein Wesen, sagt er z.B., kann sich selbst negieren.« – »Sein heißt, sich selbst lieben.« – »Indem ich das Elend des anderen erleichtere, erleichtere ich zugleich mein eigenes, Elend des anderen fühlen, ist selbst ein Elend« usw. Jede Liebe ist insofern egoistisch, denn ich kann nicht lieben, was mir widerspricht; ich kann nur lieben, was mich befriedigt, was mich glücklich macht; d.h. ich kann nichts anderes lieben, ohne eben damit zugleich mich selbst zu lieben. Aber gleichwohl ist ein begründeter Unterschied zwischen dem, was man selbstsüchtige, eigennützige und dem, was man uneigennützige Liebe nennt. Welcher? In Kürze dieser: In der eigennützigen Liebe ist der Gegenstand deine Hetäre, in der uneigennützigen deine Geliebte. Dort befriedige ich mich wie hier, aber dort unterordne ich das Wesen einem Teil, hier aber den Teil, das Mittel, das Organ dem Ganzen, dem Wesen, dort befriedige ich eben deswegen auch nur einen Teil von mir, hier aber mich selbst, mein volles, ganzes Wesen. Kurz: In der eigennützigen Liebe opfere ich das Höhere dem Niederen, einen höheren Genuß folglich einem niedrigeren, in der uneigennützigen aber das Niedere dem Höheren auf.

»F. macht eben die Religion zur Ethik, die Ethik zur Religion.« Allerdings im Gegensatz zum Christentum[4], worin die Ethik, als die Beziehung des Menschen auf den Menschen gegenüber der Beziehung des Menschen auf Gott nur eine untergeordnete Stellung hat. Aber F. setzt den Menschen *über* die Moral: »Indem Gott als ein sündenvergebendes Wesen gesetzt wird, so wird er zwar nicht als ein unmoralisches, aber doch als ein mehr als moralisches, d.h. *menschliches* Wesen gesetzt.« Diese Worte bilden den Übergang vom Wesen des Moralgesetzes zum eigentlichen Wesen des Christentums, d.h. zum Wesen des Menschen, welches an und für sich *ebensowenig ein unmoralisches, als*

---

4 Aber zugleich auch *auf Grund* des Christentums, was deutlich genug entwickelt wird.

moralisches ist. F. macht also nicht die Moral zum Maßstab des Menschen, sondern umgekehrt den Menschen zum Maßstab der Moral: Gut ist, was dem Menschen gemäß ist, entspricht; schlecht, verwerflich, was ihm widerspricht. Heilig sind ihm also die ethischen Verhältnisse, keineswegs »um ihrer selbst willen« – außer nur im Gegensatz zum Christentum, zu dem: um Gottes willen – heilig nur um des Menschen willen, heilig nur, weil und wiefern sie Verhältnisse des Menschen zum Menschen – also Selbstbejahungen, Selbstbefriedigungen des menschlichen Wesens sind. Allerdings macht also F. die Ethik zur Religion, aber nicht für sich selbst in abstracto, nicht als Zweck, sondern nur als Folge, nicht, weil ihm wie dem »aufgeklärten Protestantismus«, dem Rationalismus, Kantianismus, das moralische Wesen, d.h. das Wesen der Moral, sondern weil ihm das wirkliche, sinnliche, individuelle *menschliche Wesen* das *religiöse, d.i. höchste Wesen* ist.

»F. bekleidet seinen Materialismus mit dem Eigentum des Idealismus.« O wie aus der Luft gegriffen ist diese Behauptung! F. »Einziger« – ist weder Idealist, noch Materialist. Dem F. sind Gott, Geist, Seele, Ich bloße Abstraktionen, aber ebenso gut sind ihm der Leib, die Materie, der Körper bloße Abstraktionen. Wahrheit, Wesen, Wirklichkeit ist ihm nur die Sinnlichkeit. Hast Du aber je einen Leib, eine Materie gefühlt, gesehen? Du hast ja nur gesehen und gefühlt dieses Wasser, dieses Feuer, diese Sterne, diese Steine, diese Bäume, diese Tiere, diese Menschen: immer und immer nur ganz bestimmte, *sinnliche, individuelle* Dinge und Wesen, aber nimmer weder Leiber noch Seelen, weder Geister noch Körper. Aber noch weniger ist F. Identist im Sinne der absoluten Identität, welche die beiden Abstraktionen in einer dritten Abstraktion vereinigt. Also weder Materialist, noch Idealist, noch Identitätsphilosoph ist F. Nun, was denn? Er ist mit Gedanken, was er der Tat nach, im Geiste, was er im Fleische, im Wesen, was er in den Sinnen ist – *Mensch*; oder vielmehr, da F. nur in die Gemeinschaft das Wesen des Menschen versetzt: Gemeinmensch, *Kommunist.*

195

196

Biographie

1804   *28. Juli:* Ludwig Andreas Feuerbach wird in Landshut als vierter Sohn des Strafrechtlers Paul Johann Anselm Ritter von Feuerbach geboren.

1817   Feuerbach besucht das Ansbacher Gymnasium.

1823   Der Student Feuerbach hört zwei Semester Theologie in Heidelberg bei dem Hegelianer Daub.

1824   Feuerbach studiert in Berlin bei Hegel.

1825   Gegen den Willen des Vaters wechselt er in die philosophische Fakultät.

1828   Feuerbach promoviert in Erlangen mit der Arbeit »De infinitate, unitate, atque communitate rationis«. Die Dissertation schickt er Hegel.
»Über die Vernunft«.

1829   Feuerbach wird Privatdozent für Philosophie an der Universität Erlangen.

1830   »Gedanken über Tod und Unsterblichkeit« (anonym).

1832   »Der Ursprung des Bösen nach Jakob Böhme«.

1833   »Geschichte der neueren Philosophie von Bacon bis Spinoza«.

1835   Feuerbach bringt eine Kritik des »Anti-Hegel«.

1837   »Darstellung, Entwicklung und Kritik der Leibnizischen Philosophie«.
Feuerbach heiratet Bertha Löw und siedelt nach Schloß Bruckberg bei Ansbach über.

1838   »Pierre Bayle«.
»Zur Kritik des Empirismus«.
»Zur Kritik der positiven Philosophie«.

1839   »Zur Kritik der Hegelschen Philosophie«.
»Über das Wunder«.
»Über Philosophie und Christentum«.
Die Tochter Eleonore wird geboren.

1841   »Das Wesen des Christentums«.
Diese Schrift ist Feuerbachs Hauptwerk. Er übt Religionskritik auf anthropologischer Grundlage. Gott wird als Projektion der Vollkommenheit des Menschen kritisiert, die sich in

dessen wirklichem Gattungsleben realisieren soll.
»Zur Charakteristik des modernen Afterchristentums«

1843	»Grundsätze der Philosophie der Zukunft«.
	»Vorläufige Thesen zur Reformation der Philosophie«.
1844	»Das Wesen des Glaubens im Sinne Luthers«.
1845	»Über das ›Wesen des Christentums‹ in Beziehung auf den ›Einzigen und sein Eigentum‹«.
1846	»Das Wesen der Religion«.
1848	Feuerbach hält öffentliche Vorlesungen über »Das Wesen der Religion« im Rathaussaal zu Heidelberg.
	Es entstehen Pläne zu einer Übersiedlung nach Amerika, die schließlich nicht realisiert werden.
1849	Feuerbach nimmt am Demokratenkongreß in Frankfurt a. Main teil.
	Gottfried Keller sympathisiert mit dem Philosophen und setzt ihm in »Der Grüne Heinrich« ein literarisches Denkmal.
	Durch Ruge, Herwegh und Marx ist Feuerbach mit den revolutionären Bestrebungen um 1848 verbunden, nimmt jedoch keinen unmittelbaren Anteil an der Tagespolitik.
1850	»Die Naturwissenschaft und die Revolution«.
1852	Feuerbach ehrt seinen Vater mit der Schrift »Anselm von Feuerbachs Leben und Wirken« in zwei Bänden.
	Er beginnt die Arbeit an der »Theogonie aus den Quellen des Classischen, hebräischen und christlichen Altertums«.
1858	»Spiritualismus und Sensualismus«.
1860	Nach dem Bankrott der Porzellanfabrik, deren Mitbesitzerin seine Frau war, zieht Feuerbach auf den Rechenberg bei Nürnberg um. Von hier an wird der Philosoph durch den in New York lebenden Friedrich Kapp, die Schillerstiftung und durch die Sozialdemokratische Arbeiterpartei finanziell unterstützt.
1862	Feuerbach freundet sich mit Konrad Deubler aus Goisern an.
1863	Er entwirft Studien zur »Willensfreiheit« und zur »Ethik«; beide bleiben Fragmente und sind nur z. T. veröffentlicht.
1872	*13. September:* Ludwig Andreas Feuerbach stirbt auf dem Rechenberg bei Nürnberg.

Karl-Maria Guth (Hg.)

Erzählungen der Frühromantik

HOFENBERG

Karl-Maria Guth (Hg.)

Erzählungen der Hochromantik

HOFENBERG

Karl-Maria Guth (Hg.)

Erzählungen der Spätromantik

HOFENBERG

Erzählungen der Frühromantik

1799 schreibt Novalis seinen Heinrich von Ofterdingen und schafft mit der blauen Blume, nach der der Jüngling sich sehnt, das Symbol einer der wirkungsmächtigsten Epochen unseres Kulturkreises. Ricarda Huch wird dazu viel später bemerken: »Die blaue Blume ist aber das, was jeder sucht, ohne es selbst zu wissen, nenne man es nun Gott, Ewigkeit oder Liebe.«

Tieck Peter Lebrecht **Günderrode** Geschichte eines Braminen **Novalis** Heinrich von Ofterdingen **Schlegel** Lucinde **Jean Paul** Des Luftschiffers Giannozzo Seebuch **Novalis** Die Lehrlinge zu Sais
ISBN 978-3-8430-1878-4, 416 Seiten, 29,80 €

Erzählungen der Hochromantik

Zwischen 1804 und 1815 ist Heidelberg das intellektuelle Zentrum einer Bewegung, die sich von dort aus in der Welt verbreitet. Individuelles Erleben von Idylle und Harmonie, die Innerlichkeit der Seele sind die zentralen Themen der Hochromantik als Gegenbewegung zur von der Antike inspirierten Klassik und der vernunftgetriebenen Aufklärung.

Chamisso Adelberts Fabel **Jean Paul** Des Feldpredigers Schmelzle Reise nach Flätz **Brentano** Aus der Chronika eines fahrenden Schülers **Motte Fouqué** Undine **Arnim** Isabella von Ägypten **Chamisso** Peter Schlemihls wundersame Geschichte **Hoffmann** Der Sandmann **Hoffmann** Der goldne Topf
ISBN 978-3-8430-1879-1, 408 Seiten, 29,80 €

Erzählungen der Spätromantik

Im nach dem Wiener Kongress neugeordneten Europa entsteht seit 1815 große Literatur der Sehnsucht und der Melancholie. Die Schattenseiten der menschlichen Seele, Leidenschaft und die Hinwendung zum Religiösen sind die Themen der Spätromantik.

Brentano Die drei Nüsse **Brentano** Geschichte vom braven Kasperl und dem schönen Annerl **Hoffmann** Das steinerne Herz **Eichendorff** Das Marmorbild **Arnim** Die Majoratsherren **Hoffmann** Das Fräulein von Scuderi **Tieck** Die Gemälde **Hauff** Phantasien im Bremer Ratskeller **Hauff** Jud Süss **Eichendorff** Viel Lärmen um Nichts **Eichendorff** Die Glücksritter
ISBN 978-3-8430-1880-7, 440 Seiten, 29,80 €

Erzählungen aus dem Biedermeier

Biedermeier - das klingt in heutigen Ohren nach langweiligem Spießertum, nach geschmacklosen rosa Teetässchen in Wohnzimmern, die aussehen wie Puppenstuben und in denen es irgendwie nach »Omma« riecht.

Zu Recht. Aber nicht nur.

Biedermeier ist auch die Zeit einer zarten Literatur der Flucht ins Idyll, des Rückzuges ins private Glück und der Tugenden. Die Menschen im Europa nach Napoleon hatten die Nase voll von großen neuen Ideen, das aufstrebende Bürgertum forderte und entwickelte eine eigene Kunst und Kultur für sich, die unabhängig von feudaler Großmannssucht bestehen sollte.

Georg Büchner Lenz **Karl Gutzkow** Wally, die Zweiflerin **Annette von Droste-Hülshoff** Die Judenbuche **Friedrich Hebbel** Matteo **Jeremias Gotthelf** Elsi, die seltsame Magd **Georg Weerth** Fragment eines Romans **Franz Grillparzer** Der arme Spielmann **Eduard Mörike** Mozart auf der Reise nach Prag **Berthold Auerbach** Der Viereckig oder die amerikanische Kiste

ISBN 978-3-8430-1884-5, 444 Seiten, 29,80 €

Erzählungen aus dem Biedermeier II

Annette von Droste-Hülshoff Ledwina **Franz Grillparzer** Das Kloster bei Sendomir **Friedrich Hebbel** Schnock **Eduard Mörike** Der Schatz **Georg Weerth** Leben und Taten des berühmten Ritters Schnapphahnski **Jeremias Gotthelf** Das Erdbeerimareili **Berthold Auerbach** Lucifer

ISBN 978-3-8430-1885-2, 440 Seiten, 29,80 €

Erzählungen aus dem Biedermeier III

Eduard Mörike Lucie Gelmeroth **Annette von Droste-Hülshoff** Westfälische Schilderungen **Annette von Droste-Hülshoff** Bei uns zulande auf dem Lande **Berthold Auerbach** Brosi und Moni **Jeremias Gotthelf** Die schwarze Spinne **Friedrich Hebbel** Anna **Friedrich Hebbel** Die Kuh **Jeremias Gotthelf** Barthli der Korber **Berthold Auerbach** Barfüßele

ISBN 978-3-8430-1886-9, 452 Seiten, 29,80 €